Moringa kokaraamat

Üle 100 taimse retsepti, kasutades supertoitu Moringat teie tervise ja energia suurendamiseks

Kadri Rebane

Autoriõigus materjal ©2023

Kõik õigused kaitstud

Ilma kirjastaja ja autoriõiguste omaniku nõuetekohase kirjaliku nõusolekuta ei saa seda raamatut ühelgi viisil, kujul ega kujul kasutada ega levitada, välja arvatud arvustuses kasutatud lühikeste tsitaatide puhul. Seda raamatut ei tohiks pidada meditsiiniliste, juriidiliste või muude professionaalsete nõuannete asendajaks.

SISUKORD

- SISUKORD 3
- SISSEJUHATUS 7
- HOMMIKUSÖÖK JA BRUNCH 8
  - 1. Moringa tee 9
  - 2. Moringa kook 11
  - 3. Honey Moringa Latte 13
  - 4. Moringa kookospiimakauss 15
  - 5. Vaarikas ja Moringa Granola 17
  - 6. Täistera moringa leib 20
  - 7. Moringa pannkoogid seenetäidisega 22
  - 8. Moringa, piparmündi ja sidruni jäätee 25
  - 9. Kakao- ja moringa-sõõrikud 27
  - 10. Vanilli Moringa pannkoogid 30
  - 11. Haputaignaleib moringaga 32
  - 12. Moringa ja Nasturtiums Smoothie Bowl 34
  - 13. Moringa, kurgi ja piparmündi jäätee 36
  - 14. Tume Moringa kuum šokolaad 38
  - 15. Moringa Vanilla Latte 40
  - 16. Hommikusöögi smuutikauss 42
  - 17. India pähkli Moringa Latte 44
  - 18. Moringa öökaer 46
  - 19. Rose Moringa Latte 48
- SUUPÄID JA SUUPÖÖD 50
  - 20. Mint Moringa Oreos 51
  - 21. Moringa Fortune küpsised 53
  - 22. No Bake Moringa Energy Balls 55

23. Moringa popkorn 57
24. Pistaatsia Amarant Moringa batoonid 59
25. Moringa ja sidruni tassid 62
26. Kõrvitsaseemnetest Moringa koogikesi 64
27. Toores moringa ja piparmündi šokolaadiruudud 67
28. Cacao, Moringa & Moringa Macaroons 70
29. Moringa Halloweeni tassikoogid 72
30. Fonio & Moringa kreekerid 75
31. Tervislikud Moringa pallid 77
32. Heirloom Tomato Sashimi 79
33. Pistaatsia ja moringa õndsuspallid 81
34. Moringa laimi popkorn 83
35. Moringa Mochi 85
36. Moringa šokolaad makadaamiaga 88
37. Moringa Peanut Mochi 90
38. Mustika Moringa muffinid 92
39. Moringa Granola batoonid 94
40. Moringa Yuzu popkorn 96
41. Moringa mandli poolkuud 98

PÕHIROOG 101

42. Moringa läätse kookoskarri 102
43. Spinat & Moringa Dhal 104
44. Pošeeritud lõhe rohelise ürdi salsaga 107
45. Moringa ja seenepuljong misoga 109
46. Moringa kanakarri laimiga 111
47. Moringa suitsukana mango riisi salatiga 114
48. Tee suitsulambakotletid Miso kastmega 117
49. Moringa aurutatud tursk 120

KASTSED JA PESTOD 122

50. Moringa pulber Pesto kaste 123

51. Moringa guacamole 125

52. Moringa ja peedi hummus 127

53. Moringa kaste 129

MAGUSTOIT 131

54. Wasabi ja kurgi jäätis 132

55. Moringa & maasikakook 134

56. Moringa mandlipulgad 136

57. Moringa jaanikauna tassid 138

58. Moringa Fudge 140

59. Superfood jäätis 142

60. Moringa ja mustika sorbett 144

61. Moringa Key laimipirukas 146

62. Moringa ja sidruni tassid 148

63. Moringa popsikesed 150

64. Moringa jäätis 152

65. Moringa india pähkli tassid 154

66. Moringa Fudge 156

67. Moringa kreem 158

68. Moringa hurma 160

69. Absinth & Besee jäätis 162

70. Moringa sorbett 165

71. Chia seemnepuding 167

72. Pistaatsia Moringa jäätis 169

73. Maasikas, kaer ja moringa 171

74. Moringa, datli ja banaani mõnus kreem 174

75. Banana Moringa kena kreem 176

76. Moringa ja vaarika sõbrad ... 178
77. Moringa trühvlid ... 180

SMUUTID JA KOKTEILID ... 182

78. Moringa smuuti ... 183
79. Brokkoli porru kurgi smuuti ... 185
80. Kakao-spinati smuuti ... 187
81. Moringa raputus ... 189
82. Vanilla Moringa Avokaado Shake ... 191
83. Moringa ja piparmündi tee ... 193
84. Moringa, maca, linaseemne ja tahiini smuuti ... 195
85. Õuna, rosmariini ja moringa džinnjahuti ... 197
86. Moringa-, piparmündi-, sidruni- ja laimivesi ... 199
87. Moringa probiootiline keefiri smuuti ... 201
88. Moringa banaani šokolaadismuuti ... 203
89. Moringa avokaado smuuti ... 205
90. Brokkoli Moringa smuuti ... 207
91. Moringa lehtkapsa smuuti ... 209
92. Moringa MCT raputus ... 211
93. Moringa ja ingveri smuuti ... 213
94. Moringa Limeade ... 215
95. piparmündišokolaaditükikeste ... 217
96. Moringa rummikokteil ... 219
97. Moringa ja kookospähkel ... 221
98. Moringa & Strawberry Frappé ... 223
99. Moringa jogurti smuuti ... 225
100. Moringa puuviljasmuuti ... 227

KOKKUVÕTE ... 229

SISSEJUHATUS

Moringa, tuntud ka kui "imepuu", on taim, mida on traditsioonilises meditsiinis sajandeid kasutatud selle arvukate tervisega seotud eeliste tõttu. Kõrge toiteväärtuse ja raviomadustega moringa on mitmekülgne koostisosa, mida saab kasutada mitmesugustes roogades, et parandada nende maitset ja suurendada nende toiteväärtust.

Sellest Moringa kokaraamatust leiate üle 100 maitsva ja lihtsalt valmistatava retsepti, mis sisaldavad seda hämmastavat supertoitu. Alates soolastest suppidest ja hautistest kuni värskete salatite ja smuutideni – selles kokaraamatus leidub igaühele midagi.

Kuid moringa eelised ulatuvad kaugemale ainult selle maitsvast maitsest. See on täis antioksüdante, vitamiine ja mineraale, mis võivad aidata tugevdada teie immuunsüsteemi, parandada seedimist ja isegi vähendada teie krooniliste haiguste, nagu diabeet ja südamehaigused, riski.

Nii et olenemata sellest, kas soovite oma tervist parandada või lihtsalt oma eineid muuta, on Moringa kokaraamat ideaalne allikas kõigile, kes soovivad kogeda selle uskumatu taime hämmastavaid eeliseid. Üksikasjalike juhiste ja hõlpsasti leitavate koostisosade abil valmistate kiiresti maitsvaid ja toitvaid eineid.

Moringa, supertoit, kasu tervisele, toiteväärtus, lihtsalt valmistatav, maitsev, soolane, supid, hautised, värske, salatid, smuutid, antioksüdandid, vitamiinid, mineraalid, immuunsüsteem, seedimine, kroonilised haigused, diabeet, südamehaigused, ressurss , samm-sammult juhised, kergesti leitavad koostisosad, toitvad toidud..

HOMMIKUSÖÖK JA BRUNCH

1. Moringa tee

Valmistab: 2

KOOSTISOSAD:
- 800 ml vett
- 5-6 piparmündilehte - rebenenud
- 1 tl köömneid
- 2 tl Moringa pulbrit
- 1 supilusikatäis laimi/sidrunimahla
- 1 tl orgaanilist mett magusainena

JUHISED:
a) Kuumuta 4 tassi vett keemiseni.
b) Lisa 5-6 piparmündilehte ja 1 tl köömneid / jeera.
c) Laske keeda, kuni vesi on vähenenud pooleni.
d) 2 tl Moringa pulbrit.
e) Reguleerige kuumust kõrgeks, kui see vahutab ja tõuseb, lülitage kuumus välja.
f) Kata kaanega ja lase 4-5 minutit seista.
g) 5 minuti pärast kurna tee tassi.
h) Lisa maitse järgi mahemett ja pigista sisse värske laimimahl.

2. Moringa kook

KOOSTISOSAD:
- ½ neitsi kookosõli või või margariini asemel
- ¾ tassi suhkrut
- 3 muna
- 2 tassi universaalset jahu
- 3 tl küpsetuspulbrit
- 1 tl Sool
- 1 tl vanilli
- ½ tassi piima
- 3 supilusikatäit Moringa pulbrit

JUHISED:
a) Sõelu kokku universaalne jahu, küpsetuspulber ja sool. Kõrvale panema.
b) Vahusta neitsikookosõli ja suhkur.
c) Lisa munad kookosõli ja suhkru segule. Sega.
d) Lisa ja sega vanill, piim ja Moringa pulber.
e) Seejärel lisa kõrvale pandud kuivained.
f) Valage segu võiga määritud koogivormi, kuni see on kaks kolmandikku täis.
g) Küpseta eelkuumutatud ahjus 450°F juures 25 minutit.

3. Mesi Moringa Latte

Valmistab: 2 portsjonit

KOOSTISOSAD:
- ½ tl Moringat
- 1 tass piima
- Valikuline: kallis

JUHISED:
a) Siirupi moodustamiseks lahustage Moringa pulber kuuma veega.
b) Vahusta kuuma piima: vahuse efekti tekitamiseks võid kasutada piimavahustajat või kuumutada kastrulis ja lisada piima koos siirupiga blenderisse.

4. Moringa kookospiimakauss

Valmistab: 2 portsjonit

KOOSTISOSAD:
- 2 banaani
- ½ tassi kookospiima
- ½ tassi vett
- ¼ avokaadot
- 1 tl Moringat
- Tilk mett

JUHISED:
a) Segage oma koostisained
b) Vala ilusasse kaussi
c) Kaunista oma lemmikpuuviljadega.

5. Vaarikas ja Moringa Granola

Valmistab: 2

KOOSTISOSAD:
- 1 tass vanaaegset kaera
- 2 ¼ tassi universaalset jahu
- ⅔ tassi suhkrut
- 1 spl küpsetuspulbrit
- 2 supilusikatäit moringat, sõelutud
- ½ teelusikatäit soola
- 1 ¼ tassi piima
- 2 tl vaniljeekstrakti
- 2 muna, lahtiklopitud
- 6-untsi konteiner rasvata kreeka jogurtit
- ⅓ tassi kookosõli, vedelas olekus
- 1 kilo vaarikaid, tükeldatud
- Mittenakkuva pihusti
- lihvimine suhkur, viimistlus

JUHISED:

a) Kuumuta ahi 200 kraadini Celsiuse järgi. Asetage igasse vormi 8 koogivooderdust, seejärel pihustage neile kergelt mittenakkuvat pihustiga katet.

b) Sega ühes segamiskausis kõik kuivained. Teises segamiskausis sega kõik märjad koostisosad. Sega märjad koostisosad aeglaselt kuivade hulka, kuni need on lihtsalt läbi segunenud. Sega õrnalt hulka kuubikuteks lõigatud maasikad. Täitke vooderdised lusika või jäätiselusikaga, kuni tainas on vooderdise ülemisest servast veidi eemal.

c) Krõmpsuva muffinikooriku saamiseks puista pealsed lihvsuhkruga.

d) Küpseta muffineid 200 kraadi juures esimesed 10 minutit, seejärel alanda kuumust 80 kraadini veel umbes 12-15 minutiks, kuni pealsed on väga kergelt kuldsed ja hambaork tuleb puhtana välja.

e) Kui muffinid on käsitsemiseks piisavalt jahedad, tõsta need jahutusrestile. Kui serveerida muffineid kohe, võivad need voodri külge kinni jääda. Oodake, kuni need täielikult jahtuvad ja need peaksid kergesti vabanema.

6. Täistera Moringa leib

Valmistab: 2 väikest pätsi

KOOSTISOSAD
- 4 tassi speltajahu
- 1 tass segatud tooreid seemneid
- 3 keskmist porgandit peeneks hakitud
- 2 tassi sooja vett
- 1,5 tl pärmi
- 2 tl soola
- 2 supilusikatäit Moringa pulbrit

JUHISED
a) Pehmendage pärm soojas vees.
b) Lisa kõik koostisosad suurde segamisnõusse.
c) Sega, kuni moodustub niiske tainas või kõik koostisosad on niisutatud. Võimaluse korral kasutage saumikserit või taignakonksuga statsionaarset mikserit.
d) Laota tainas ettevalmistatud minileivavormidesse. Puista tainas seesamiseemnetega.
e) Asetage kaks väikest leivavormi külma ahju keskmisele restile. Seadke ahju temperatuur 400 °F-ni.
f) Küpseta Moringa leiba 45–50 minutit või kuni saate hambaorki sisestada ja eemaldada, ilma et tainas hambatiku külge kleepuks.

7. Moringa pannkoogid seenetäidisega

Valmistab: 8 portsjonit

KOOSTISOSAD:
PANKOOKIDE JAOKS:
- 2 tl Moringa pulbrit
- 1 ½ tassi tatrajahu
- 3 muna, lahtiklopitud
- 2 tassi kaerapiima
- ½ tassi filtreeritud vett
- näputäis roosat soola
- 2 peotäit värsket spinatit
- väike peotäis värsket basiilikut
- 1 tl segatud ürte
- kookosõli, praadimiseks

TÄIDISEKS:
- 2 küüslauguküünt
- 250 g kastaniseeni
- 2 tl kookosõli
- 1 tl segatud ürte
- näputäis roosat soola + pipart
- ⅔ tassi omatehtud india pähkli piima
- 1 spl toitev pärmihelbed
- paar värsket basiilikulehte
- väike peotäis värsket spinatit

JUHISED:
a) Pannkoogitaina valmistamiseks lisa kõik koostisosad peale kookosõli blenderisse ja blenderda ühtlaseks massiks.
b) Sulata pannil keskmisel kuumusel veidi kookosõli ja vala pannile paar suurt lusikatäit pannkoogitainast. Prae pannkooke mõlemalt poolt umbes 2-3 minutit, kuni see on pruunistunud.
c) Täidise jaoks purusta küüslauguküüned ja haki kastanid jämedalt. Prae neid väheses kookosõlis pehmeks, seejärel lisa maitseroheline, roosa sool ja pipar ning omatehtud india pähkli piim.
d) Alanda kuumust vaiksele tulele ja jätka segades, kuni kaste pakseneb. Järgmisena lisage toiteväärtuslikud pärmihelbed, värske basiilik ja spinatilehed. Segage, kuni lehed on närbunud, seejärel lülitage kuumus välja.
e) Tõsta lusikaga täidis pannkookidele, seejärel voldi pannkook peale.

8. Moringa, piparmündi ja sidruni jäätee

Maht: 1 liiter

KOOSTISOSAD:
- 2 Cleanse püramiidi: Moringa Super Tea
- 200 ml värskelt keedetud vett
- 800 ml külma vett
- 1 sidrun, viilutatud
- peotäis piparmündilehti

SERVEERIMA:
- jääkuubikud

JUHISED:
a) Valage kuumakindlasse kannu teepüramiidid, sidruniviilud ja piparmündilehed keeva veega ning laske neil tõmmata vähemalt 10 minutit. Eemaldage teepüramiidid, segage ja laske teel enne külma veega lisamist jahtuda.
b) Serveerimiseks lisa jääkuubikud.

9. Kakao ja moringa sõõrikud

Valmistab: 6 sõõrikut

KOOSTISOSAD:
sõõrikute jaoks:
- 1 tl Moringa pulbrit
- 1 tl Super-kakaopulbrit
- ½ tassi tatrajahu
- ¾ tassi jahvatatud mandleid
- ¼ teelusikatäit söögisoodat
- Näputäis roosat soola
- ¼ tassi kookossuhkrut
- 1 muna, lahtiklopitud
- ½ suurt banaani, purustatud
- 1 spl vahtrasiirup
- tilk magustamata mandlipiima
- 1 spl kookosõli määrimiseks

JÄÄSTUSE KOHTA:
- 2 tl Moringa pulbrit Moringa glasuuriks
- 2 tl Super-Cacao pulbrit kakaoglasuuriks
- 4 spl kookosvõid, osaliselt sulanud
- 2 spl toormett või vahtrasiirupit

KAITSEKS:
- kakao nibsid
- hakitud sarapuupähkleid
- söödavad roosi kroonlehed

JUHISED:
a) Kuumuta ahi 180C-ni.
b) Sõõrikute valmistamiseks lisa suurde kaussi tatrajahu, jahvatatud mandlid, sooda, roosa sool ja kookossuhkur.
c) Sega eraldi kausis muna, püreestatud banaan, vahtrasiirup ja mandlipiim ning sega märjad koostisosad õrnalt kuivainete hulka, kuni need on täielikult segunenud. Jagage segu kahte kaussi ja segage ühte Moringa pulber ja teise kakaopulber.
d) Määri sõõrikupann ettevaatlikult kookosõliga ja vala mõlemad sõõrikusegud vormidesse.
e) Küpseta ahjus 12-15 minutit ja lase enne glasuurimist jahutusrestil jahtuda.
f) Nii kakao- kui ka Moringa glasuuride valmistamiseks kombineeri osaliselt sulatatud kookosvõi ja mesi. Jagage segu kahte kaussi ja segage ühte Moringa pulber ja teise kakaopulber. Kui soovid vedelamat konsistentsi, lisa tilk keeva vett või veel sulatatud kookosvõid ja sega korralikult läbi.
g) Kastke sõõrikud glasuuriga, kuni need on täielikult kaetud, ja pange peale hakitud sarapuupähkleid, söödavaid roosi kroonlehti või kakaonibse.

10. Vanilli Moringa pannkoogid

Valmistab: 2 portsjonit

KOOSTISOSAD:
- 1¾ tassi vanaaegset valtsitud kaera
- 2 supilusikatäit magustamata Moringa pulbrit
- 2 spl suhkruvaba vaniljepudingi segu
- 1½ teelusikatäit küpsetuspulbrit
- 1 tl söögisoodat
- ¼ teelusikatäit soola
- 2 spl kookosõli, sulatatud
- 1 spl vahtrasiirup
- 1 suur muna
- 1 tl vaniljeekstrakti
- 1½ tassi 2% madala rasvasisaldusega piima

JUHISED:
a) Lisa kõik koostisosad blenderisse. Sulanud kookosõli võib külmemate koostisosadega kombineerimisel kõvaks muutuda, nii et võite soovi korral piima veidi soojendada, et see ei juhtuks.
b) Blitse kõik blenderis, kuni saad ühtlase vedeliku.
c) Vala pannkoogisegu suurde kaussi.
d) Laske taignal 5–10 minutit seista. See võimaldab kõigil koostisosadel kokku tulla ja annab taignale parema konsistentsi.
e) Pihustage mittenakkuvale pannile või küpsetusplaadile ohtralt taimeõli ja kuumutage keskmisel kuumusel.
f) Kui pann on kuum, lisage tainas ¼-tassi mõõtetopsi abil ja valage pannkoogi valmistamiseks pannile. Kasutage pannkoogi vormimiseks mõõtetopsi.
g) Küpseta, kuni küljed on hangunud ja keskele tekivad mullid, seejärel keera pannkook ümber.
h) Kui pannkook on sellelt küljelt küpsenud, eemaldage pannkook tulelt ja asetage see taldrikule.
i) Jätkake neid samme ülejäänud taignaga.

11. Hapuoblikas leib Moringaga

Valmistab: 1 päts

KOOSTISOSAD:
- 1 tass kanget Moringat, leige
- 7 untsi nisu juuretist
- 1 supilusikatäit soola
- 5 tassi nisujahu ja oliiviõli kausi jaoks

JUHISED:
a) Sega koostisained ja sõtku hästi. Lase taignal 1 tund rasvaga määritud ja kaetud kausis kerkida.
b) Vala tainas õrnalt küpsetuslauale.
c) Voldi päts õrnalt kokku ja aseta võiga määritud ahjuplaadile. Lase veel 30 minutit kerkida.
d) Ahju algtemperatuur: 475 °F.
e) Aseta leib ahju ja piserda ahju põhja tassitäis vett. Vähendage temperatuuri 400 ° F-ni.
f) Küpseta leiba umbes 25 minutit.

12. Moringa ja Nasturtiums Smoothie Bowl

Valmistab: 1

KOOSTISOSAD:
- 1 tass spinatit
- 1 külmutatud banaan
- ½ tassi ananassi
- ½ tl kvaliteetset Moringa pulbrit
- ½ tl vaniljeekstrakti
- ⅓ tassi magustamata mandlipiima

TOPPING
- Chia seemned
- Nasturtium

JUHISED:
a) Aseta kõik smuuti koostisosad blenderisse. Pulse ühtlaseks ja kreemjaks.
b) Vala smuuti kaussi.
c) Puista üle lisanditega ja söö kohe.

13. Moringa, kurgi ja piparmündi jäätee

Valmistab: 2 portsjonit

KOOSTISOSAD:
- 1 minilusikatäis Moringa pulbrit
- 3 pumpa kurgi ja piparmündi jäätee siirupit
- Jahutatud vesi + jää

JUHISED:
a) Sega Moringa pulber ja siirup tassi
b) Täida kuni ¾ veega
c) Sega ja lisa täidiseks jää

14. Tume Moringa kuum šokolaad

Valmistab: 2 portsjonit

KOOSTISOSAD:
- 1 lusikas Fairtrade'i tumedat kuuma šokolaadi
- 1 minilusikatäis Moringa pulbrit
- Aurutatud piim

JUHISED:
a) Kombineerige Moringa kuuma veega ja segage ühtlaseks pastaks
b) Täitke aurutatud piim, segades valades

15. **Moringa Vanilla Latte**

Valmistab: 2 portsjonit

KOOSTISOSAD:
- 2 pumpa vanilli siirupit
- 1 minilusikas Moringa pulbrit ja veel tolmupühkimiseks
- Aurutatud piim

JUHISED:
a) Segage siirup ja Moringa tassi koos kuuma veega
b) Sega ühtlaseks pastaks
c) Täitke aurutatud piim, segades valades
d) Tolmu Moringaga

16. Hommikusöök Smoothie Bowl

Valmistab: 2 portsjonit

KOOSTISOSAD:
- 2 banaani
- ½ tassi mandlipiima
- ½ tassi vett
- ¼ avokaadot
- 1 tl Moringat
- Tilk mett

JUHISED:
d) Segage oma koostisained
e) Vala ilusasse kaussi
f) Kaunista oma lemmikpuuviljadega.

17. India pähkli Moringa Latte

Valmistab: 2 portsjonit

KOOSTISOSAD:
- ½ tl Moringat
- 1 tass india pähkli piima
- Valikuline: kallis

JUHISED:
c) Siirupi moodustamiseks lahustage Moringa pulber kuuma veega.
d) Vahusta india pähkli kuum piim ja lisa koos siirupiga blenderisse, et tekiks vahutav efekt.

18. Moringa öökaer

Valmistab: 1 portsjon

KOOSTISOSAD
- ½ tassi vanaaegset kaera
- ½ tassi piima või valikuliselt piima alternatiivi
- ¼ tassi kreeka jogurtit
- 1 tl Moringa pulbrit
- 2 tl chia seemneid
- 1 tl mett
- näputäis vaniljeekstrakti

JUHISED
a) Mõõda kõik koostisosad purki või kaussi ja sega korralikult läbi.
b) Tõsta külmkappi ja naudi järgmisel hommikul!

19. Rose Moringa Latte

Valmistab: 1

KOOSTISOSAD:
- 2 tl Moringa pulbrit roosipungadega
- 1 spl kuuma vett
- 4 untsi kuuma kaerapiima või mõnda muud piimatoodet
- 1 tl mett (valikuline)

JUHISED
a) Sõelu Moringa pulber tassi.
b) Lisa vesi ja sega, kuni tükke ei jää. Vala piim, vahustades, kuni jook on vahutav.
c) Soovi korral sega juurde mett.

SUUPÄID JA SUUPÖÖD

20. Mint Moringa Oreos

Valmistab: 20-24

KOOSTISOSAD:
- 1 ½ tassi kaerajahu
- ½ tassi kakaopulbrit
- ½ tassi kookossuhkrut või valget/pruuni suhkrut
- ½ tl küpsetuspulbrit
- ¼ teelusikatäit soola
- ½ tassi kookosõli
- ¼ tassi piima valikul

MÜNDI JAOKS Moringa KREEM
- 1 tass india pähklit – eelistatavalt 4 tundi leotatud
- 2 spl vahtrasiirupit või vedelat magusainet
- 1 spl kookosõli
- ¼ tassi piima
- 1 tl FERA Moringa
- 1 tl piparmündi ekstrakti

JUHISED:

a) Kuumuta oma ahi temperatuurini 350 ° F.

b) Sega kausis jahu, kakao, suhkur, küpsetuspulber ja sool. Lisa kookosõli ja piim. Sega kombineerimiseks.

c) Tõsta tainas korralikult jahuga kaetud pinnale. Rulli lahti ¼ tolli paksuseks ristkülikuks ja lõika küpsised välja ümmarguse küpsisevormiga.

d) Laota vooderdatud ahjuplaadile ja küpseta 15-20 minutit. Lase täielikult jahtuda.

e) Blenderda kõik täidise koostisosad blenderis ühtlaseks massiks.

f) Määri õhuke kiht täidist ühele küpsisele ja tõsta peale teine.

g) Hoida õhukindlas anumas kuni 4 päeva.

h) Nautige!

21. Moringa Fortune küpsised

Valmistab: 18 suurt õnneküpsist

KOOSTISOSAD
- ¾ tassi suhkrut
- 3 suurt munavalget
- 4 untsi soolata võid, sulatatud ja jahutatud
- ½ tassi universaalset jahu
- 1 spl Moringa pulbrit
- 18 väikest paberist varandust

JUHISED:
a) Vahusta keskmises kausis suhkur munavalgete, või, jahu ja Moringa pulbriga ühtlaseks vahuks. Kata tainas kaanega ja pane 1 tunniks külmkappi.
b) Kuumuta ahi 325°-ni ja vooderda küpsetusplaat silikoonmatiga. Hoidke käepärast kohvikruus ja standardsuuruses muffinivorm.
c) Tõsta küpsetusplaadile lusikaga kaks 2-sl-suurust taignaküngast, teineteisest 6 tolli kaugusel. Kasutades nihkespaatlit, ajage taigen laiali, et teha kaks 6-tollist ringi.
d) Küpseta ahju keskosas 12–14 minutit, kuni servad on pruunistunud ja keskkohad veel heledad.
e) Laske 10 sekundit jahtuda, seejärel keerake spaatliga üks tuil tagurpidi ja asetage keskele paberist varandus. Voldi tuile pooleks ja seejärel ühenda otsad kokku, kasutades kortsude tegemiseks kohvikruusi serva. Aseta õnneküpsis muffinitopsi, et see kuju hoiaks. Korrake sama teise tuilega. Kui tuil kõvastub, pane see mõneks sekundiks ahju tagasi.
f) Korrake ülejäänud taigna ja varandustega. Enne serveerimist lase küpsistel täielikult jahtuda.

22. Ei küpseta Moringa energiapalle

Valmistab: 20 palli

KOOSTISOSAD
- 1 kuhjaga supilusikatäis Moringa lehtede pulbrit
- 1 tass segatud seemneid
- 1 kuhjaga teelusikatäis kaneelipulbrit
- ½ tl värskelt riivitud ingverit
- ⅔ tassi rosinaid
- 1 tl vaniljeekstrakti

JUHISED
a) Jahvatage seemned koos Moringa pulbri ja kaneeliga köögikombainis, kuni saate jämeda jahu.
b) Lisa rosinad ja vaniljeekstrakt ning töötle, kuni kõik on kokku kleepunud.
c) Veereta pallideks.
d) Kas serveeri kohe või pista külmkappi.
e) Külmkapis säilivad need paar nädalat.

23. Moringa popkorn

Valmistab: 3-4

KOOSTISOSAD:
POPKORN:
- 100 g / ½ tassi popkorni tuuma
- 6 spl sulatatud kookosõli

Moringa TOPPING:
- 2 tl Moringa pulbrit
- 4 supilusikatäit toitainepärmi
- ½ tl meresoola

JUHISED
a) Segage väikeses kausis toitev pärm, Moringa pulber ja meresool.
b) Tõsta popkorn popkornimasinas või suures potis 4 spl kookosõliga.
c) Kui kasutate potti, lisage kookosõli ja kolm tuuma. Kata pott kaanega ja kuumuta keskmisele kuumusele.
d) Kui tuumad on paiskunud, eemalda need potist ja lisa ülejäänud tuumad. Laske neil potti iga 10 sekundi järel raputades hüpata, et nad ei kõrbeks.
e) Kui kõik tuumad on puhkenud, pane popkorn suurde kaussi.
f) Nirista popkornile 2 spl sulatatud kookosõli. Keera popkorn kausis ümber, et see õliga kattuks.
g) Puista Moringa kate popkornile ja sega korralikult läbi. Lisa maitse järgi veel soola.
h) Nautige!

24. Pistaatsia Amarant Moringa batoonid

Valmistab: 9 baari

KOOSTISOSAD
KOORIKOHT:
- ⅓ tassi paisutatud amaranti
- ½ tassi kooritud pistaatsiapähklid
- ½ tassi kuivatatud kookospähklit
- ¼ teelusikatäit kaneeli
- ¼ teelusikatäit kardemoni
- näputäis roosat soola
- 3 supilusikatäit kõrvitsaseemnevõid
- 3 supilusikatäit vahtrasiirupit

Moringa KIHT:
- 1 ½ tassi india pähkleid, leotatud üleöö
- 1 supilusikatäis Moringa pulbrit
- 1 laim, koor
- 1 laim, mahl
- ¼ tassi vahtrasiirupit
- 1 tl vanilli
- ½ tassi mandlipiima
- 1 tass kookosvõid
- 2 supilusikatäit kookosõli

JUHISED
a) Valmista ette eemaldatava põhjaga kandiline koogivorm.
b) Asetage kooritud pistaatsiapähklid köögikombaini või kiirblenderisse ja pulseerige paar korda, kuni need on jämedalt jahvatatud.
c) Lisa kuivatatud kookospähkel, kaneel, kardemon ja sool ning puljongi, kuni see on segunenud.
d) Vala kõik keskmisesse kaussi ja sega hulka paisutatud amarant.
e) Sega väikeses kausis kokku kõrvitsaseemnevõi vahtrasiirupiga ja sega nüüd ülejäänud segu hulka, et saada kleepuv tekstuur.
f) Tõsta lusikaga kooresegu vormi, määri ühtlaselt alusele ja suru tihedalt alla.
g) Asetage külmkappi.
h) Sulata kahes katlas õrnalt kookosvõi koos kookosõliga ja tõsta kõrvale.
i) Loputage leotatud india pähklid jooksva vee all ja asetage blenderisse. Lisa Moringa pulber, laimikoor, mahl, vahtrasiirup, vanill ja mandlipiim ning blenderda ühtlaseks massiks. Lisa aeglaselt sulatatud kookosvõi ja sega, kuni see on segunenud. Enne kookosvõi lisamist veendu, et segu oleks toatemperatuuril.
j) Tõsta lusikaga koorikukihile ja silu pealt.
k) Aseta paariks tunniks või üleöö sügavkülma tahenema.
l) Pärast tahkumist eemaldage ettevaatlikult vormist ja lõigake terava noaga 9 ruuduks.
m) Puista veel Moringa pulbri ja purustatud pistaatsiapähklitega.

25. Moringa ja sidruni tassid

Mark: 10

KOOSTISOSAD:
- ½ tassi kookosvõid
- ½ tassi makadaamia pähkleid
- ½ tassi kakaovõid
- ¼ tassi kookosõli
- ¼ tassi Swerve, pulbristatud
- 1 supilusikatäis peeneks riivitud sidrunikoort
- 1 tl Moringa pulbrit

JUHISED:
a) Alustage kõigi koostisosade, välja arvatud sidrunikoor ja Moringa, minuti jooksul köögikombainis, et need kõik kokku segada.
b) Jaga segu kahte kaussi. Enne pooleks jagamist tuleks see võimalikult võrdselt poolitada.
c) Moringa pulber tuleks panna eraldi kaussi. Konkreetses roas segage sidrunikoor ja muud koostisosad.
d) Valmistage ette 10 minimuffinitopsi, täites need poolenisti Moringa seguga ja seejärel valades peale pooleteise supilusikatäie sidrunisegu. Kõrvale panema. Enne serveerimist veenduge, et see oleks vähemalt tund aega külmikus seisnud.

26. Kõrvitsaseemnetest Moringa koogikesi

Valmistab: 10 portsjonit

KOOSTISOSAD
KOGIKUD
- ½ tassi kookosjahu
- ½ tassi tapiokijahu
- ½ tassi kõrvitsaseemneid
- 2 tl Moringa pulbrit
- ½ tl söögisoodat
- ¼ teelusikatäit soola
- 4 muna, toasoe
- ½ tassi kookosõli, lisaks veel muffinivormide määrimiseks
- ½ tassi mett

KÜRMETUS
- ½ tassi peopesa lühendamist, toatemperatuuril
- 2 supilusikatäit mett
- ½ tl vaniljeekstrakti
- Katteks sulatatud šokolaad ja kõrvitsaseemned

JUHISED

a) Kuumuta ahi temperatuurini 375 ° F. Määri silikoonist muffinivorm kookosõliga või vooderda muffinivorm küpsetuspaberiga.

b) Sega köögikombainis kookosjahu, tapiokijahu, kõrvitsaseemned, Moringa pulber, söögisooda ja sool, kuni kõrvitsaseemned on peeneks jahvatatud.

c) Lisa munad, õli, mesi ja püreesta ühtlaseks massiks.

d) Tõsta lusikaga silikoonvormi või muffinivormi tassidesse, seejärel pane eelsoojendatud ahju. Vähendage kuumust 350 ° F-ni ja küpsetage 20–25 minutit või kuni sisestatud tester tuleb puhtana, seejärel asetage see jahtuma.

e) Külmutuse valmistamiseks vahusta vahukoor, mesi ja vanill ühtlaseks massiks. Paigaldage siduri ja otsaga kondiitritoodete kott, seejärel laadige glasuur kondiitrikotti. Kui koogikesed on jahtunud, valage peale oma valitud kujundusega glasuur.

f) Kõige peale sulašokolaad ja veel kõrvitsaseemneid. soovi korral.

27. Toores moringa- ja piparmündišokolaadiruudud

Teeb 12 ruutu

KOOSTISOSAD:
ALUS:
- 1 tass mandleid
- 2 spl kakaopulbrit
- 1 tass Medjooli datleid
- näputäis soola

MÜNDI TÄIDIS:
- 2 tl Moringa pulbrit
- 1 ½ tassi india pähkleid
- ¼ tassi värskeid piparmündi lehti
- ¼ tassi vahtrasiirupit/riisisiirupit/toores mett
- ½–¾ tassi piimavaba piima
- ¼ tassi sulatatud kookosõli
- piparmündi ekstrakt, maitse järgi

TOORŠOKOLAADI KATTES:
- ⅓ tassi sulatatud kookosõli
- ¼ tassi kakaopulbrit
- 2 spl vahtrasiirupit/toormett
- näputäis soola
- kakao nibid kaunistamiseks

JUHISED:

a) Põhja jaoks blenderda mandlid köögikombainis, kuni saad jämeda jahu. Lisa sool, kakaopulber ja datlid ning sega uuesti, kuni segu sõrme ja pöidlaga kergesti kokku kleepub.

b) Suru ühtlaselt küpsetuspaberiga kaetud ahjuvormi ja aseta vorm täidise valmistamise ajaks sügavkülma.

c) Segage suure võimsusega blenderis või köögikombainis india pähklid, piparmündilehed, vedel magusaine, moringa ja piimavaba piim väga ühtlaseks massiks. Lisa sulatatud kookosõli ja sega uuesti läbi. Viimasena lisa piparmündiekstrakt, blenderda uuesti ja maitse. Vajadusel lisage veidi rohkem.

d) Kalla piparmünditäidis ettevalmistatud põhjale ja silu spaatliga ühtlaseks. Pane vorm tagasi sügavkülma. Klopi keskmise suurusega kausis kokku šokolaadiained. Lase minutiks veidi jahtuda.

e) Kalla peale piparmünditäidis, aja ühtlaselt laiali.

f) Puista peale kakaotükid ja pane sügavkülma täielikult tahenema. Lõika ruutudeks ja serveeri kohe või külmkapist võetuna pehmema tekstuuri saamiseks.

28. Kakao, moringa ja moringa makaronid

KOOSTISOSAD:
- ½ tassi hakitud kookospähklit
- 1 spl Moringa pulbrit
- 1 kuhjaga supilusikatäis Moringat
- 3 spl seesamiseemneid
- 2 spl toorkakao nibe
- näputäis meresoola
- 5 spl vahtrasiirupit
- 4 spl kookosõli
- 2 supilusikatäit india pähklivõid
- 1 vaniljekaun või 1 tl vaniljeekstrakti

KAKAO KIHT:
- 2 spl Philosophie Cacao Magic pulbrit

JUHISED:
a) Sega kausis kõik kuivained.
b) Lisage märjad koostisosad, segage hästi, kuni tekstuur on ühtlane.
c) Nüüd on teil kaks valikut: võite kas suruda segu jääkuubiku alusele ja külmutada 2 tundi.
d) Pärast seda on teie makroonid valmis nautimiseks. Ärge unustage neid külmkapis hoida.
e) Vormi segust pallid, seejärel veereta neid kakaomaagia ja kakaotükkide sees, et saada mõnusalt tervislik šokolaadine puudutus.
f) Pane 2 tunniks sügavkülma, seejärel hoia tihedas anumas külmkapis.

29. Moringa Halloweeni tassikoogid

Mark: 12

KOOSTISOSAD:
KOOKIDE JAOKS:
- 4 tl Moringa pulbrit
- 120 g riisijahu
- 150 g jahvatatud mandleid
- 2 tl gluteenivaba küpsetuspulbrit
- 170 g sulatatud kookosõli
- 150 ml vahtrasiirupit
- 3 suurt muna
- 160 ml magustamata mandlipiima
- 1 tl vaniljeekstrakti

KÜRMUMISEKS:
- 2 tl Moringa pulbrit
- 2 x purki täisrasvast kookospiima
- 1 spl vahtrasiirup
- 1 tl vaniljeekstrakti
- mahl 1 laim
- 6 maasikat, poolitatud

JUHISED:

a) Kuumuta ahi 170°C-ni ja vooderda 12-auguline koogiplaat koogivormidega.

b) Koogikeste valmistamiseks sega suures segamiskausis riisijahu, jahvatatud mandlid, küpsetuspulber ja Moringa pulber.

c) Lisa blenderisse või köögikombaini kookosõli, vahtrasiirup, munad, mandlipiim ja vanill ning pulsi 4 korda.

d) Vala märjad ained kuivainete hulka ja sega korralikult läbi. Tõsta tainas lusikaga ühtlaselt ettevalmistatud koogivormidesse.

e) Küpseta ahjus 25 minutit või kuni varras või nuga tuleb puhtana välja.

f) Külmutuse valmistamiseks eemalda igast kookospiimapurgist paks pealmine kiht ja aseta see suurde kaussi. Vahusta 1-2 minutit, kuni see on paks ja kreemjas. Lisa vahtrasiirup, Moringa, vanill ja laimimahl, enne kui vahustad veel minut.

g) Lase koogikestel enne jahutusrestile asetamist 15 minutiks alusele jahtuda.

h) Toru või määri glasuur igale jahtunud koogile ja kaunista maasikatega.

30. Fonio & Moringa kreekerid

Teeb 10

KOOSTISOSAD:
KREEKERIDE KOHTA:
- ¾ tassi Fonio Super-Graini jahuks segatud
- 1 tl Moringa pulbrit
- 1 tass kõrvitsaseemneid
- ¾ tassi päevalilleseemneid
- ½ tassi linaseemneid, terved seemned
- ½ tassi chia seemneid
- ⅓ tassi gluteenivaba kiirkaera
- 2 spl mooniseemneid
- ½ tl soola
- ½ tl pipart
- ¼ teelusikatäit kurkumipulbrit
- 2 spl tšilli oliiviõli või tavalist oliiviõli
- ½ tassi vett

JUUSTUTAHVALI KOHTA:
- Pähklid
- Kuivatatud puuviljad
- Värsked puuviljad
- Vegan juust

JUHISED:
a) Kuumuta ahi 190°-ni. Sega kausis kõik kuivained.
b) Lisa oliiviõli ja vesi, sega hästi, kuni moodustub tainas.
c) Jagage segu kaheks osaks. Võtke üks pool ja asetage küpsetuspaberi tükkide vahele ja rullige tainas 2-3 mm paksuseks.
d) Lõika soovitud kuju ja tõsta need ahjuplaadile. Korrake samme taigna teise poolega. Küpseta 20-25 minutit või kuni servad on kuldpruunid.
e) Lase 10 min jahtuda. Serveeri puuviljade, pähklite, juustude ja dipikastmetega.

31. Tervislikud Moringa pallid

Valmistab: 14 energiapalli

KOOSTISOSAD:
- ½ tassi kooritud pistaatsiapähklit
- ¾ tassi india pähkleid
- 12 datlit kividega
- ¼ tassi hakitud kookospähklit, magustamata
- 2 tl Moringa pulbrit
- 1 spl kookosõli

JUHISED:
a) Võtke ¼ tassi pistaatsiapähklit ja töötle köögikombainis peeneks jahvatamiseks. Tõsta eraldi kaussi ja tõsta kõrvale.

b) Lisa india pähklid, ülejäänud ¼ tassi pistaatsiapähklid, datlid, kookospähkel, Moringa pulber ja kookosõli. Blenderda hästi, kuni see on peeneks hakitud ja segu on kleepuv.

c) Lõika segust pallid ja veereta kätega.

d) Veereta palle jahvatatud pistaatsiapähklites ja jahuta 15 minutit! Nautige!

32. Pärand Tomato Sashimi

Mark: 6

KOOSTIS:
- 4 supilusikatäit riisiäädikat
- 1 tl suhkrut
- 3 pärandtomatit, südamikust puhastatud ja viilutatud
- 1 sidrun pooleks lõigatud
- 1 tass hakitud daikonit
- 2 tl meresoola
- ¼ teelusikatäit Moringat

JUHISED:
a) Sega potis riisiäädikas ja suhkur.
b) Kuumuta peaaegu keemiseni ja seejärel keeda umbes 2 minutit.
c) Eemaldage tulelt ja jahutage täielikult.
d) Jaga tomatid 2 serveerimistaldriku vahel.
e) Spritz vähendas äädikat tomatitele.
f) Pange iga taldriku küljele 1 sidrunipoolik.
g) Pange ½ pool daikonist iga plaadi ülaosale.
h) Jaga see kahe roa vahel.
i) Pigista sidrun tomatitele.
j) Sega meresool ja Moringa pulber.
k) Puista peale Moringa/soola segu.

33. Pistaatsia ja moringa õndsuspallid

Valmistab: 4 portsjonit

KOOSTISOSAD:
- 1 tl Moringat
- ½ tassi tooreid india pähkleid
- ½ tassi magustamata kuivatatud kookospähklit
- 20 ml supilusikatäit mandlijahu
- 20 ml supilusikatäit kookosjahu
- 20 ml supilusikatäit vett
- 20 ml supilusikatäit riisilinnaste siirupit
- 20 ml supilusikatäis ekstra neitsi kookosõli, sulatatud
- ¼ tassi kooritud pistaatsia pähkleid, hakitud

JUHISED:
a) Sega köögikombainis india pähklid, kookospähkel, mandlijahu, kookosjahu ja Moringa pulber, kuni saad peene puru tekstuuri.
b) Lisa vesi, riisilinnasesiirup ja sulatatud kookosõli ning sega, kuni kõik on hästi segunenud. Segu peaks olema piisavalt kleepuv, et koos püsida, kuid mitte nii kleepuv, et seda ei saaks pallideks veeretada. Kui segu on liiga kleepuv, lisa veel veidi kookosjahu. Kui see on liiga kuiv, lisage veidi rohkem vett.
c) Veereta segust pallikesed ja määri peale hakitud pistaatsiapähklid, suru pähklid kergelt pallidesse, et need püsiksid. Pane pallid külmkappi tahenema. Hoida külmkapis õhukindlas anumas.

34. Moringa laimi popkorn

Valmistab: 2 portsjonit

KOOSTISOSAD
- 1 spl kookosõli
- ¼ tassi popkorni tuuma
- 2 spl suhkrut
- 1 spl vegan võid
- ½ tl vett
- 1 tl Moringa pulbrit
- 1 tl väga peeneks hakitud laimikoort

JUHISED

a) Kuumuta õli suures ja sügavas potis või kastrulis keskmisel kuumusel. Lisa potti paar popkorni tuuma ja oota, kuni need paiskuvad.

b) Kui need on paiskunud, lisage ülejäänud popkornituumad, segage õliga kattumiseks ja eemaldage kuumusest. Oodake 30-50 sekundit ja pange pott tagasi pliidile.

c) Katke kaanega ja oodake, kuni tuumad paiskuvad. Kui see hakkab hüppama, raputage potti paar korda, et kõik tuumad ühtlaselt küpseksid. Jätkake küpsetamist, kuni kõik tuumad on paiskunud. Tõsta tulelt ja tõsta suurde segamisnõusse.

d) Lisage väikesesse kastrulisse suhkur ja veganvõi. Lisa julgelt ka näpuotsaga soola. Kuumuta keskmisel kuumusel ja lase keeda umbes 1 minut. Lisage vesi, segage ja küpseta veel 20 sekundit või kuni suhkur on täielikult lahustunud.

e) Vala popkornile samal ajal segades, et see oleks ühtlaselt siirupiga kaetud. Sõelu Moringa pulber popkornile ja sega katteks. Lisa laimikoored ja sega uuesti läbi.

f) Serveeri kohe! Seda popkorni on kõige parem serveerida samal päeval, kuid võite seda järgmisel päeval soojendada 350 °F eelsoojendatud ahjus umbes 5 minutit.

35. Moringa Mochi

Valmistab: 6 mochi

KOOSTISOSAD
KAŠAPÄHKEKREEM
- ½ tassi üleöö leotatud tooreid india pähkleid
- ½ tassi vett

Moringa TÄIDIS
- 50 g kakaovõid
- 45 g tuhksuhkrut
- 1 tl Moringa pulbrit kasutage parima maitse saavutamiseks tseremoniaalset klassi
- 2 supilusikatäit india pähkli koort
- ¼ tl vaniljeekstrakti

MOCHI-TAIGAS
- ½ tassi magusat riisijahu
- 2 spl valget suhkrut
- 6 spl mandlipiima või muud taimset piima
- 1 ja ½ tl õli
- ¼ teelusikatäit Moringa pulbrit

JUHISED
KAŠAPÄHKEKREEM
a) Nõruta india pähklid ja lisa need koos veega kiiresse blenderisse. Blenderda kõrgel temperatuuril 30-50 sekundit või kuni ühtlaseks. Tõsta kaussi ja tõsta kõrvale.

Moringa TÄIDIS
b) Sulata kakaovõi väikeses potis. Eemaldage kuumusest niipea, kui see on sulanud. Kakaovõi ei tohiks olla kuum. Kui see on liiga kuum, laske sellel mõni minut jahtuda või kuni toatemperatuurini.

c) Tõsta sulatatud kakaovõi väikesesse kaussi. Lisa tuhksuhkur, Moringa, india pähkli koor ja vanill.

d) Vahusta, kuni see on täielikult segunenud, ja jätka vahustamist 2-3 minutit või kuni see on veidi paksenenud.

e)
f) Tõsta külmkappi ja hoia külmikus umbes 2 tundi või kuni taheneb.
g) Mochi tainas
h) Vahusta väikeses kausis magus riisijahu, valge suhkur, mandlipiim, õli ja Moringa pulber.
i) Aja pott vesi keema ja aseta selle peale bambusauruti korv.
j) Viige segu konteinerisse, mis sobib teie bambuse auruti sisse.
k) Sulgege kaanega ja aurutage 20 minutit. Pool aurutamist segage lusikaga.
l) 20 minuti pärast laske tainal 15-20 minutit jahtuda või kuni see on lihtsalt soe. Tõsta kaussi ja sega puulusikaga korralikult läbi, kuni tainas on ühtlane.
m) Mähi kleepuv tainas kilesse ja pane umbes 45 minutiks külmkappi.
n) Vormimine: võsa välja 1,5 tl Moringa täidisest pallikesed ja veereta need ettevaatlikult pallideks, tõsta kõrvale. Puhastage tööpind maisitärklisega. Võta väike kogus mokitainast ja lame tolmuga kaetud pinnal ümaraks.
o) Aseta täidise pall taigna keskele ja keera tainas täidise ümber. Suruge servad kinni. Tõsta plaadile suletud esiosaga allapoole. Korrake ülejäänud täidise ja taignaga.
p) Naudi kohe või pane paariks tunniks külmkappi. Mochi on kõige parem serveerida samal päeval, kuid külmkapis säilib see kuni 3 päeva.

36. Moringa šokolaad makadaamiaga

Valmistab: 2 portsjonit

KOOSTISOSAD:
- 10 g kakaovõid
- 3 spl tahket kookosõli
- 2 tl Moringa pulbrit
- 1 tl toorkakaopulbrit
- 2,5 spl vedelat magusainet
- näputäis vaniljeekstrakti
- näputäis meresoola
- 1 tl sidrunikoort
- Lisandid valikuliselt. Mina läksin makadaamia pähklite, pepitade ja goji marjade peale.

JUHISED:
a) Vooderda pann küpsetuspaberiga.
b) Lisa kaussi kakaovõi ja aseta kauss väikese poti keeva vee peale.
c) Sulata kakaovõi ja lisa kookosõli.
d) Laske sulada ja segage puidust või silikoonist spaatliga.
e) Lisa moringa- ja kakaopulber ning sega.
f) Lisage vanill, meresool ja valitud magusaine ning segage, kuni kõik on segunenud.
g) Tõsta kauss tulelt ja jätka aeglaselt segamist, kuni šokolaad hakkab kergelt tahkuma.
h) Lisa sidrunikoor ja jätka ühtlaseks jaotumiseks segamist.
i) Valage šokolaad ettevalmistatud pannile ja lisage lisandid.
j) Asetage külmkappi ja laske täielikult taheneda.

37. Moringa maapähklimochi

KOOSTISOSAD:
MOCHI:
- 300 g kleepuvat riisijahu
- 50 g nisutärklist
- 75 g tuhksuhkrut
- 1 ½ supilusikatäit õli
- 450 ml vett
- ½ tl Moringa pulbrit

MAAPÄHKLITÄIDIS:
- 300 g segatud röstitud maapähkleid
- 100 g tuhksuhkrut
- ¼ teelusikatäit soola

JAHU KATTIMISEKS JA TOLMAMISEKS:
- 200g riisijahu, praetud 20 min keskmisel kuumusel.

JUHISED:

a) Sega kõik mochi koostisosad hästi segunemiseni. Sõelu ja vala võiga määritud aurutusplaadile ning auruta keskmisel kuumusel 25 min.

b) Kui riisijahusegu on käsitsemiseks piisavalt jahe, kraabi see tööpinnale, mis on kergelt puistatud jahuga üle puistatud.

c) Jagage keedutainas väikesteks portsjoniteks, igaüks umbes 35-40 g, kasutades jahusse puistatud teravat noa.

d) Töötades ühe tükiga korraga ja pühkides käed jahuga, et see ei kleepuks, rulli iga tükk palliks.

e) Tasandage pall ja vormige see kätega 8 cm läbimõõduga ümaraks.

f) Segage kõik täidise koostisosad, seejärel asetage supilusikatäis täidist ringi keskele, seejärel asetage servad täidise peale, näpistage need tihedalt kokku.

g) Rulli õrnalt uuesti ümmarguseks, vajutades pealt veidi lamedamaks.

h) Katke Mochi pealispinna ühtlustamiseks jahuga.

i) Mochi säilib õhukindlas pakendis kuni 2 päeva.

38. Mustika Moringa muffinid

KOOSTISOSAD

Märg:
- ½ tassi Moringat
- 1 tl sidrunikoort
- ½ tassi täispiima, soe
- 1 pulk soolata võid, sulatatud
- 2 muna

KUIV:
- 2-½ tassi universaalset gluteenivaba jahu
- 2 tl küpsetuspulbrit
- ¼ teelusikatäit söögisoodat
- 1 tass valget granuleeritud suhkrut
- 1 tl koššersoola
- 1 tass värskeid mustikaid

JUHISED:

a) Kuumuta oma ahi 350 kraadini.

b) Blenderis. lisage kõik märjad koostisosad ja laske neil kümme minutit seista, seejärel segage ühtlaseks massiks.

c) Segu muutub Moringast indigovärviks ja tundub sulavõist veidi paks. Pange see kõrvale.

d) Lisage suurde kaussi gluteenivaba jahu, küpsetuspulber, sooda, suhkur ja koššersool ning segage.

e) Reserveerige veerand tassi kuivsegu ja segage mustikad, kuni need on kaetud, asetage need kõrvale. See imab endasse liigse niiskuse ja ei lase neil taigna konsistentsi muuta.

f) Samal ajal sega märjad koostisained spaatliga suures kausis kuivainete hulka. Segu varieerub sinistes toonides ja see on okei. Kui tainas tundub ühtlane, puista sisse mustikad ja voldi need õrnalt sisse.

g) Pane oma minimuffinivormid kokku muffinivooderdistega.

h) Täida minimuffinivormid kulbiga ¾ ulatuses täis.

i) Küpseta muffineid 10 minutit või kuni torgatud hambaork tuleb puhtana välja.

39. Moringa Granola batoonid

Valmistab: 4 portsjonit

KOOSTISOSAD:
- 2 tassi valtsitud kaera, soovi korral gluteenivaba
- 1 tass Pepitas
- 1 ½ tassi magustamata paisutatud riisiterahelbeid
- ½ tassi kuivatatud puuvilju, jämedalt hakitud
- ¼ teelusikatäit helbelist meresoola
- 1½ supilusikatäit Moringa pulbrit
- ⅓ tassi pruuni riisi siirupit
- 3 supilusikatäit vahtrasiirupit
- ½ tassi tahini
- 2 spl kookosõli
- 1 tl vaniljeekstrakti

JUHISED:
a) Kuumuta ahi temperatuurini 325 °F / 160 °C.
b) Sega kaer ja pepitas küpsetusplaadil ning küpseta 10–15 minutit, korra või kaks segades, kuni kaer on kuldne ja pähklise aroomiga.
c) Sega väikeses kastrulis pruuni riisi siirup, vahtrasiirup, tahini, kookosõli ja vanill.
d) Klopi segamiseks. Ärge kuumutage üle.
e) Segage suures kausis jahutatud kaer ja kõrvitsaseemned hakitud kuivatatud puuviljade, riisipunni, soola ja Moringa pulbriga.
f) Vala märjad ained kuivainetele ja sega kiiresti segunema.
g) Vala segu kile või küpsetuspaberiga vooderdatud brownie-vormi. Suru segu tugevasti, eriti nurkadesse.
h) Pane paariks tunniks külmkappi tahenema, seejärel eemalda külmikust ja viiluta batoonideks. Hoidke ülejääke külmkapis kuni kaks nädalat.

40. Moringa Yuzu popkorn

Valmistab: 2 portsjonit

KOOSTISOSAD
- 1 spl kookosõli
- ¼ tassi popkorni tuuma
- 2 spl suhkrut
- 1 spl vegan võid
- ½ tl vett
- 1 tl Moringa pulbrit
- 1 tl väga peeneks hakitud yuzu koort ja mahla

JUHISED
g) Kuumuta õli suures ja sügavas potis või kastrulis keskmisel kuumusel.
h) Lisa potti paar popkorni tuuma ja oota, kuni need paiskuvad.
i) Kui need on paiskunud, lisage ülejäänud popkornituumad, segage õliga kattumiseks ja eemaldage kuumusest. Oodake 30-50 sekundit ja pange pott tagasi pliidile.
j) Katke kaanega ja oodake, kuni tuumad paiskuvad. Kui see hakkab hüppama, raputage potti paar korda, et kõik tuumad ühtlaselt küpseksid. Jätkake küpsetamist, kuni kõik tuumad on paiskunud. Tõsta tulelt ja tõsta suurde segamisnõusse.
k) Lisage väikesesse kastrulisse suhkur ja veganvõi. Lisa julgelt ka näpuotsaga soola. Kuumuta keskmisel kuumusel ja lase keeda umbes 1 minut. Lisage vesi, segage ja küpseta veel 20 sekundit või kuni suhkur on täielikult lahustunud.
l) Vala popkornile samal ajal segades, et see oleks ühtlaselt siirupiga kaetud.
m) Sõelu Moringa popkorni peale ja sega katteks. Lisa yuzu koored ja mahl ning sega uuesti.
n) Serveeri kohe.

41. Moringa mandli poolkuud

Valmistab: 3 tosinat küpsist

KOOSTISOSAD
Moringa tainas:
- ½ tassi vegan võid
- ½ tassi siledat mandlivõid
- ⅔ Tassi granuleeritud suhkrut
- 3 supilusikatäit vegan vaniljejogurtit
- 1 supilusikatäis Moringa teepulbrit
- 1 tl vaniljeekstrakti
- ½ tl mandli ekstrakti
- 2 tassi universaalset jahu
- 1 tass blanšeeritud mandlijahu
- ¼ teelusikatäit soola

LÕPETAMA:
- ½ kondiitri suhkrut

JUHISED

a) Segage või, mandlivõi, suhkur, jogurt, sinine moringa, vanilje ja mandliekstrakt, kasutades oma alusmikserit koos paigaldatud labakinnitusega. Segage, kuni see on täiesti homogeenne, kerge ja kohev.

b) Vahusta eraldi kausis nii jahud kui sool. Lisage kuivad koostisosad järk-järgult mootoriga madalaimal võimalikul kiirusel, kuni need on täielikult segunenud. Vajadusel tehke paus, et kraapida kausi küljed alla.

c) Võtke iga küpsise jaoks välja umbes väikesed taignapallid ja rullige kergelt niisutatud käte vahel silindriteks. Vajutage õrna jõuga välimistele otstele, et muuta need teravamateks sarvedeks, ja painutage poolkuu kujuliseks.

d) Asetage määrimata küpsetuspaberitele umbes 1-tollise vahega ja küpsetage 22–26 minutit või kuni need on hangunud ja põhjad on kergelt pruunikad. Lase 2–3 minutit seista, enne kui tõstad restidele täielikult jahtuma.

e) Katteks raputa kondiitri suhkruga. Serveeri või hoia sügavkülmas kuni 3 kuud.

PÕHIROOG

42. Moringa läätse kookoskarri

Valmistab: 4 portsjonit

KOOSTISOSAD:
- 2 tl Moringa pulbrit
- 1⅓ tassi punaseid läätsi
- 1 punane sibul
- 3 küüslauguküünt
- 1 nupp ingverit
- 1 tl karripulbrit
- 1 tl kurkumipulbrit
- 1 tl köömneid
- 3 kardemoni kauna, purustatud
- 1 purk kookospiima
- 2 tassi köögiviljapuljongit
- 2 suurt peotäit spinatit

JUHISED:
a) Kuumuta oliiviõli praepannil keskmisel kuumusel. Lisa sibul, küüslauk ja ingver ning prae paar minutit pehmeks. Lisa kõik maitseained ja küpseta veel paar minutit.
b) Lisa läätsed ja köögiviljapuljong. Kuumuta keemiseni, seejärel alanda kuumust ja hauta viis minutit.
c) Lisa kookospiim ning maitsesta soola ja pipraga. Keeda regulaarselt segades veel 15-20 minutit, kuni läätsed on küpsed. Tõsta tulelt ning sega hulka spinat ja Moringa pulber.

43. Spinat ja Moringa Dhal

Valmistab: 2

KOOSTISOSAD:
- 2 kuhjaga teelusikatäit Moringa pulbrit
- 2 tl ghee
- 1 sibul, peeneks hakitud
- 2 väikest küüslauguküünt, peeneks hakitud
- 1 tass punaseid läätsi
- 1 purk kookoskreemi
- 500 ml värsket köögiviljapuljongit
- 300 g spinatit
- 2 tl jahvatatud köömneid
- 1 tl jahvatatud kurkumit
- 1 tl jahvatatud ingverit
- 1 tl jahvatatud koriandrit
- Näputäis karrilehti
- ½ kuivatatud tšillihelbed
- Hunnik koriandri varsi, peeneks hakitud, lehed eraldatud ja rebitud
- soola ja pipart, maitse järgi

SERVEERIMA:
- Kookose jogurt
- Meetod:

JUHISED:

a) Kuumuta ghee suures potis. Lisa sibul ja hauta umbes 5 minutit või kuni sibul on pehme

b) Lisa küüslauk ja koriandrivarred ning küpseta 1 minut. Lisa köömned, kurkum, ingver, jahvatatud koriander, karrilehed ja tšillihelbed, sega läbi ja lase veel minut aega küpseda.

c) Sega hulka läätsed ja küpseta 1 minut. Lisa purk kookoskoort ja köögiviljapuljong ning kuumuta keemiseni. Alanda kuumust ja jäta podisema u. 10 minutit.

d) Sega hulka spinatilehed ja jäta u. 40 minutit, aeg-ajalt segades, et läätsed ei kleepuks, ja vajadusel lisades veel kuuma vett.

e) Segage Moringa pulber 5 minutit enne küpsetusaja lõppu.

f) Lisa soola ja pipart. Kui läätsed on pehmed ja mõnusa kreemja konsistentsiga, tõsta tulelt ja sega läbi koriandrilehtede, jättes paar tükki kaunistuseks.

g) Serveeri kaussi koriandrilehtedega ja lisa kookosjogurtit või serveeri kõrvale.

44. Pošeeritud lõhe rohelise ürdi salsaga

Valmistab: 4 portsjonit

KOOSTISOSAD:
- 3 tassi vett
- Moringa pulber
- 2 suurt lõhefileed
- 4 supilusikatäit ekstra neitsioliiviõli
- 3 supilusikatäit sidrunimahla, värskelt pressitud
- 2 supilusikatäit peterselli, värskelt hakitud
- 2 supilusikatäit basiilikut, värskelt hakitud
- 2 supilusikatäit oreganot, värskelt hakitud
- 2 supilusikatäit Aasia murulauku, värskelt hakitud
- 2 tl tüümiani lehti
- 2 tl küüslauku, hakitud

JUHISED:
a) Aja vesi suures potis keema. Lisa moringa, seejärel eemalda tulelt.
b) Lase 3 minutit tõmmata ja seejärel sõelu.
c) Lisa lõhe ja alanda kuumust.
d) Pošeeri lõhefileed, kuni need muutuvad keskmises osas läbipaistmatuks. Küpseta lõhet 5–8 minutit või kuni see on täielikult keedetud.
e) Eemalda lõhe potist ja tõsta kõrvale.
f) Viska blenderisse või köögikombaini kõik värskelt hakitud ürdid, oliiviõli ja sidrunimahl. Sega hästi, kuni segu moodustab ühtlase pasta. Maitsesta pasta soola ja pipraga. Vajadusel saate maitseaineid kohandada.
g) Serveeri pošeeritud lõhe suurel vaagnal ja lisa värske ürdipastaga.

45. Moringa ja seenepuljong misoga

Valmistab: 2 portsjonit

KOOSTISOSAD:
- Moringa pulber
- 3 tassi keevat vett või köögiviljapuljongit
- 1 tl Oliivõli
- ½ tl seesamiõli
- ¼ tassi sibul; peeneks kuubikuteks lõigatud
- ½ naela valged seened; õhukeselt viilutatud
- ¼ tassi porgand; hakitud
- 1 2-tolline tk sidrunhein; või sidrunikoort
- 1 suur küüslauguküüs; hakitud
- 1 spl Miso; kilesse pakitud
- Sool ja pipar; maitsta

JUHISED:
a) Leota moringat vees või puljongis kuni keemiseni, umbes 4 minutit. Sõela.
b) Kuumuta 1 qt rasket kastrulit keskmisel kuumusel soojaks. Lisa oliivi- ja seesamiõli. Lisa kohe sibul, seened, porgand, sidrunhein või sidrunikoor ja küüslauk. Küpseta 4-5 minutit. Lisa tee; hauta vaikselt 5 minutit. Valage termosesse.
c) Kui olete söömiseks valmis, keerake miso lahti ja pange see termosesse. Katke ja raputage kergelt. Valmistab: 1 suur portsjon või kaks 1-tassi portsjonit.

46. Moringa kanakarri laimiga

Valmistab: 4 portsjonit

KOOSTISOSAD
- 2 spl koriandrit, seemned pluss 1 suur hunnik, tükeldatud
- 1 spl köömneid, seemneid
- 1 ½ teelusikatäit, Moringa
- 1 näputäis värskelt riivitud muskaatpähklit
- 6 küüslauguküünt, hakitud
- 5 šalottsibul, hakitud
- 8 Tšillipipar, roheline, seemnetest puhastatud ja tükeldatud
- 125 g Galangal, tükeldatud
- 2 sidrunheina vart, välimised lehed eemaldatud, sisemised varred tükeldatud
- 4 Kaffir Laimi lehte, tükeldatud
- 2 Krevetipasta supilusikatäit
- 1 Laim, mahl
- 4 spl maapähkliõli
- 2 nahata kanarinda, viilutatud
- 400 ml Kanapuljong
- 400 ml kookospiima
- 250 g Mangetouti, jämedalt viilutatud
- 4 väikest Bok Choy'd, jämedalt tükeldatud
- soola
- Must pipar, värskelt jahvatatud
- Koriandri oksad
- 2 laimi, lõigatud viiludeks
- 1 supilusikatäis purustatud musta pipart

JUHISED:
a) Kuidas valmistada vürtsikat Moringa kanakarrit laimiga
b) Rösti koriandrit ja köömneid kuival praepannil keskmisel kuumusel, kuni need muutuvad aromaatseks.
c) Kallake vürtside veskisse, lisage Moringa pulber ja kuumutage peeneks ja pulbriks.
d) Kallutage see blenderisse või köögikombaini.

e) Lisa muskaatpähkel, küüslauk, šalottsibul, koriander, tšilli, galangal, sidrunhein, kaffir, laimilehed, krevetipasta ja laimimahl.
f) Blenderda kõrgel massil ühtlaseks ja pastataoliseks.
g) Kuumuta 2 spl õli suures vokkpannil mõõdukal kuumusel.
h) Maitsesta kana soola ja pipraga enne vokkpannile lisamist ja segades praadimist kuldseks, umbes 3-4 minutit.
i) Tõsta taldrikule.
j) Lisage järelejäänud õli ja seejärel pasta, praadides, kuni see hakkab sageli tumenema, umbes 4-5 minutit.
k) Klopi juurde puljong ja kookospiim ning lase keema tõusta.
l) Asetage kana kastmesse, katke see osaliselt kaanega ja küpseta madalal kuumusel, kuni see on küpsenud umbes 6-8 minutit.
m) Lisa mangetout ja pak choi karrile ning küpseta veel 3–4 minutit, kuni need on pehmed.
n) Maitsesta karri maitse järgi soola ja pipraga.
o) Serveeri vokkpannilt võetud Moringa kanakarrit koriandri okste, laimiviilude ja purustatud musta pipra teradega.

47. Moringa suitsukana mango riisi salatiga

Valmistab: 4 portsjonit

KOOSTISOSAD
Moringa-SUITUTUKANA
- 3 kanarinda, nahaga
- 50 g jämedat meresoola
- 2 supilusikatäit Moringat
- 50 g mett
- ½ supilusikatäit musta pipra tera, purustatud
- 1l keeva veega
- 50g riisi, sobib iga sort
- 30 g tuhksuhkrut
- 20 g helepruuni suhkrut

SALAT
- 150 g pruuni riisi
- 200 g rohelisi ube, kärbitud ja 5 cm pikkusteks tükkideks lõigatud
- 2 just küpset mangot
- 4 supilusikatäit värsket piparmünti, hakitud
- 4 supilusikatäit värsket koriandrit, hakitud, lisaks veel lisa kaunistuseks
- 2 punast tšillit, seemnetest puhastatud ja peeneks hakitud
- laim, lõika serveerimiseks viiludeks

RIIDEMINE
- 3 supilusikatäit riisiäädikat
- 1 laim, koor ja mahl
- 3 supilusikatäit maapähkliõli või rapsiõli
- 1 supilusikatäis ingverit, riivitud
- 1 küüslauguküüs, purustatud
- 1 tl kalakastet
- 2 teelusikatäit mett

JUHISED:

a) Sega kausis keev vesi, meresool, 1 spl moringat, mesi ja pipraterad ning vahusta, kuni kõik on lahustunud. Lase täielikult jahtuda

b) Pange kana rinnad madalasse mittereaktiivsesse nõusse ja torgake terava noaga paar korda läbi. Vala üle soolveega ja pane roog 3 tunniks külmkappi

c) Eemaldage kana soolveest ja visake soolvesi ära. Loputage kanarinda korraks, seejärel asetage need taldrikule ja jahutage ilma kaaneta 4–8 tundi.

d) Valmistage suitsuahi, asetades riisi, suhkru ja ülejäänud Moringa aluse põhjale. Lülitage kuumus sisse

e) Kui suitsutükid hakkavad paistma, asetage kanarinnad keskele restile, katke kaanega ja suitsutage keskmisel-madalal kuumusel umbes 35 minutit. Kontrollige, kas need on küpsed, lõigates need keskele – mahl peaks voolama läbi ja ei tohiks olla roosat liha

f) Salati jaoks küpseta pruuni riisi suurel pannil keevas vees umbes 25 minutit või kuni see on al dente. Nõruta ja jäta jahtuma

g) Keeda rohelisi ube 3 minutit keevas vees, seejärel loputa jaheda vee all. Nõruta ja jäta jahtuma.

h) Koori mangod ja lõika viljaliha kivist eemale. Lõika see õhukesteks viiludeks ja pane suurde kaussi. Lisa piparmünt, koriander, tšilli, rohelised oad ja pruun riis. Viska kokku

i) Vahusta kastme ained omavahel. Maitske ja kontrollige maitseainet – võite soovida veidi rohkem äädikat, laimimahla või mett. Viska peale riisisegu

j) Jaga riisisalat nelja taldriku või kausi vahel. Viiluta suitsukana rinnad ja serveeri mango riisi salati peale kuhjatult. Kaunista täiendavate koriandrilehtede ja laimiviiludega.

48. Tee suitsulambakotletid Miso kastmega

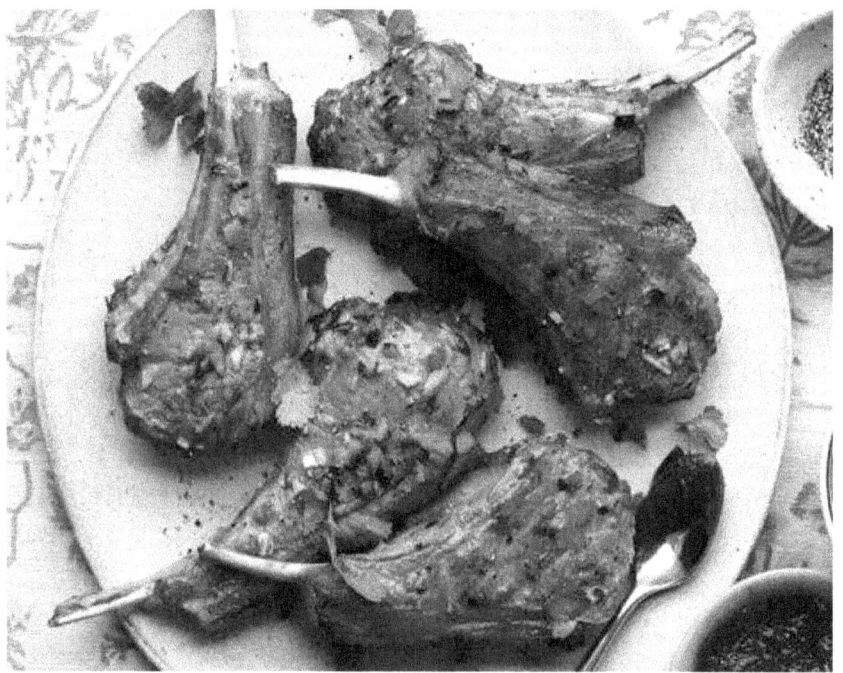

Valmistab: 4

KOOSTISOSAD
- 8 lahjat lambaliha

MARINAADI JAOKS:
- ½ punast sibulat, kooritud ja peeneks hakitud
- 2 küüslauguküünt, kooritud ja peeneks hakitud
- 5 cm tükk värsket ingverijuurt, kooritud ja peeneks hakitud
- 1 punane tšilli, seemnetest puhastatud ja jämedalt tükeldatud
- 1 spl riisiveini äädikat või šerri äädikat

SUITSUKOTTELE:
- 8 supilusikatäit peeneid suitsukrõpse
- 5 supilusikatäit kuumtöötlemata kuiva riisi
- 2 spl Moringa lehti

KOREA JA VALGE MISO DIPPUKASTME JAOKS:
- 100 g valmistatud Gochujang
- 2 spl riisiäädikat
- 1 spl tuhksuhkrut
- 2 tl valget misopastat
- 1 munakollane
- Värskelt hakitud koriander ja punane tšilli, kaunistuseks

JUHISED:

a) Marinaadi valmistamiseks; suures madalas kausis segage kõik koostisosad kokku.

b) Lisa karbonaad, kata ja marineeri 2 tundi külmikus või kui aega lubab üle öö.

c) Kuumuta vokkpann või suur kastrul kuumaks ja lisa puiduhake. Pärast suitsetamist lisage kuiv riis. Kuumuta 2-3 minutit, seejärel lisa Moringa.

d) Asetage kotletid bambuse aurutisse, katke need ja asetage need suitsutussegu peale. Suitsutage 3-4 minutit.

e) Dipikastme valmistamiseks; vispelda väikesel pannil kokku Gochujang, riisiäädikas, tuhksuhkur ja miso. Hauta tasasel tulel, aeg-ajalt segades. Tõsta tulelt ja klopi hulka munakollane. Tõsta kõrvale jahtuma.

f) Küpseta karbonaad eelsoojendatud mõõdukal grillil või ettevalmistatud grillil 2-3 minutit mõlemalt poolt.

g) Serveeri karbonaad värskete koriandrilehtede ja peeneks hakitud tšilli ning dipikastmega kaunistatud.

49. Moringa aurutatud tursk

Valmistab: 4 portsjonit

KOOSTISOSAD
- 2 tassi julieneeritud kooritud maguskartulit
- 1 nael tursk, lõigatud 4 tükiks
- 2 tl Moringa pulbrit
- 4 spl soolata võid
- 8 oksa värsket tüümiani
- 4 viilu värsket sidrunit
- 1 tl koššersoola

JUHISED:
a) Kuumuta ahi 425 kraadini F. Võtke 4 küpsetuspaberilehte, igaüks umbes 12 x 16 tolli, pooleks ja voldi kortsude tegemiseks lahti.

b) Asetage iga pärgamenditüki ühele küljele hunnik maguskartuliribasid ja asetage iga peale tursatükk.

c) Puista igale kalatükile 1 tl Moringat, seejärel lisa igale 1 supilusikatäis võid, 2 oksakest tüümiani ja viilu sidrunit; maitsesta soolaga.

d) Voldi küpsetuspaberi peale, et katta täidis, ja voldi servad kinni, et moodustada poolkuukujuline pakike.

e) Tõsta küpsetusplaadile ja küpseta 20 minutit. Eemaldage pakid ahjust ja laske neil enne avamist 5–10 minutit puhata.

KASTSED JA PESTOD

50. Moringa pulber Pesto kaste

Valmistab: 32 portsjonit

KOOSTISOSAD
- 1 spl Moringa pulbrit
- 1 tass värskeid basiiliku lehti
- ½ tassi värsket beebispinatit
- ½ tassi värskeid lamedate lehtedega peterselli lehti
- 1 suur küüslauguküüs
- 3 ½ supilusikatäit piiniaseemneid või mandlitükke
- ½ tassi peeneks riivitud parmesani juustu
- ühe sidruni koor
- 1–¼ tassi ekstra neitsioliiviõli
- näputäis soola
- näputäis musta pipart

JUHISED
a) Lisa Moringa, basiilik, spinat, petersell, küüslauk, pähklid, sidrunikoor, sool ja pipar köögikombaini või blenderisse ning sega pastaks.
b) Lisa juust ja kaunviljad, samal ajal õlis niristades.

51. Moringa guacamole

KOOSTISOSAD

- 2-4 tl Moringa pulbrit
- 3 küpset avokaadot
- 1 väike punane sibul, peeneks hakitud
- Pesutäis kirsstomateid, pestud ja peeneks hakitud
- 3 koriandri lehtoksad, pestud ja peeneks hakitud
- Ekstra neitsioliiviõli, tilgutamiseks
- 1 laimi mahl
- Vürtsid: sool, pipar, kuivatatud pune, paprika ja purustatud koriandriseemned

JUHISED:

a) Poolita, kivi ja tükelda avokaadod jämedalt. Jätke peotäis jämedalt hakitud avokaadosid kõrvale.

b) Vala ülejäänud koostisosad suurde kaussi ja püreesta kahvliga guacamole ning sega korralikult läbi.

c) Lisa ülejäänud avokaadod ja puista peale mõned koriandrilehed.

52. Moringa ja peedi hummus

KOOSTISOSAD
- ½ tl Moringa pulbrit
- 400g konserveeritud kikerherneid, nõruta ja loputa
- 250 g keedetud peeti
- 1 küüslauguküüs
- 2 supilusikatäit tahini
- 2 tl jahvatatud köömneid
- 100 ml ekstra neitsioliiviõli
- Sidruni mahl
- Soola maitse järgi

JUHISED:
a) Lisa kõik koostisosad, välja arvatud kikerherned, oma blenderisse/köögikombaini. Sega ühtlaseks.
b) Lisa kikerherned ja blenderda uuesti ühtlaseks ja maitsvaks!

53. Moringa kaste

Koostis:

1 tass moringa lehti, tükeldatud
1 väike sibul, peeneks hakitud
2 küüslauguküünt, hakitud
1 spl oliiviõli
1 tl jahvatatud ingverit
1 tl jahvatatud köömneid
1 tl jahvatatud koriandrit
1 tl soola
1/2 tl musta pipart
1/2 tassi köögiviljapuljongit
1/2 sidruni mahl

Juhised:

Kuumuta väikeses potis keskmisel kuumusel oliiviõli.
Lisa hakitud sibul ja hakitud küüslauk ning küpseta, kuni sibul on läbipaistev, umbes 3-4 minutit.
Lisa kastrulisse tükeldatud Moringa lehed, jahvatatud ingver, jahvatatud köömned, jahvatatud koriander, sool ja must pipar.
Sega ühtlaseks ja küpseta 1-2 minutit.
Lisa köögiviljapuljong ja kuumuta keemiseni.
Alanda kuumust ja lase podiseda 10-15 minutit, kuni Moringa lehed on pehmed ja kaste paksenenud.
Eemaldage kuumusest ja laske veidi jahtuda.
Kaste blenderi või tavalise blenderi abil ühtlaseks.
Sega juurde sidrunimahl ja maitsesta maitse järgi.
Serveeri soojalt või toatemperatuuril oma lemmikroaga.

MAGUSTOIT

54. Wasabi ja kurgi jäätis

Valmistab: 4-8

KOOSTISOSAD:
- 1 purk täisrasvast kookospiima
- 2 supilusikatäit suhkrut omal valikul
- 1 kurk, väikesteks kuubikuteks
- ½ laimi, mahla
- 1 tl Moringat
- 1–2 spl wasabipastat

JUHISED:

a) Kombineeri Moringa, kookospiim, suhkur, laimimahl, wasabipasta ja kurk.

b) Kui teil on jäätisemasin, lisage sellele segu ja toimige vastavalt tootja juhistele.

c) Või asetage koostisosad lihtsalt sügavkülmakindlasse anumasse ja külmutage.

d) Segage segu kahvliga iga tund, kuni see on enamjaolt tahke.

55. Moringa ja maasikakook

KOOSTISOSAD:
- 190 grammi universaalset jahu
- 10 grammi Moringa pulbrit
- 15 grammi tapiokijahu
- 1 tl alumiiniumivaba küpsetuspulbrit
- 1/2 tl söögisoodat
- 100 grammi suhkrut
- 1 tass sojapiima või valik taimset piima
- 70 grammi neutraalset õli
- 1 spl valget äädikat
- vegan vahukoor
- Kaunistuseks viilutatud maasikad või vaarikad

JUHISED:
a) Kuumuta ahi temperatuurini 375ºF.
b) Vooderda vorm küpsetuspaberiga.
c) Vahusta piim suures kausis aeglaselt oliiviõli hulka. Jätka vahustamist, kuni segu on emulgeerunud. Lisa suhkur ja sega korralikult läbi.
d) Lisage samasse kaussi sõelutud kuivained ja segage, kuni need on lihtsalt segunenud. Lisa valge äädikas ja sega korralikult läbi.
e) Vala tainas ettevalmistatud vormi.
f) Küpseta umbes 20-25 minutit või kuni hambaork tuleb puhtana välja. Lase enne kaunistamist täielikult jahtuda.
g) Kaunista kook maasikate ja vahukoorega.

56. Moringa mandlipulgad

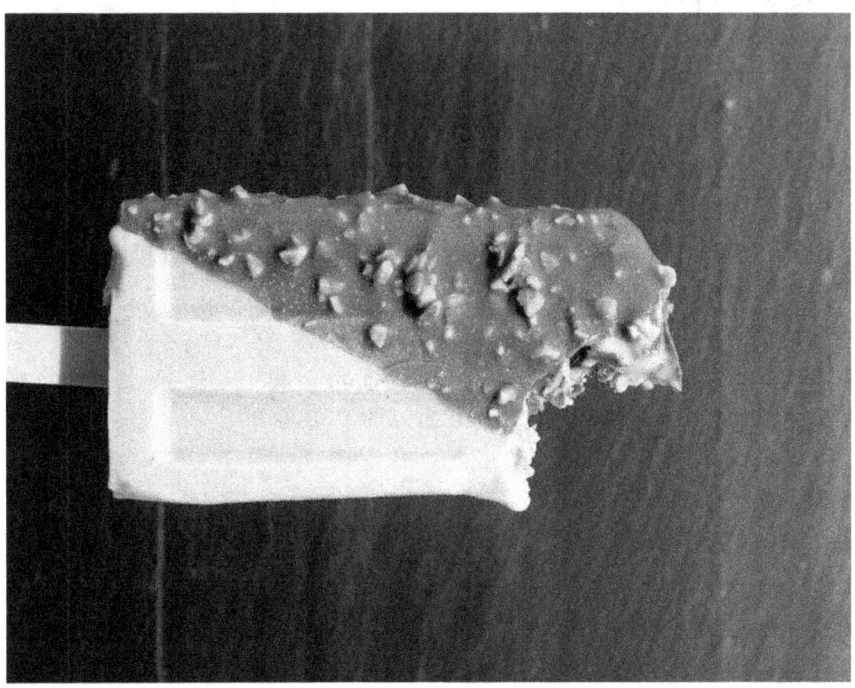

Valmistab: 4

KOOSTISOSAD:
- 2 tassi mandlivõid
- 2 spl mandliõli
- 1 tl Moringat
- ¼ tassi erütritooli
- Peotäis mandlipähkleid

JUHISED:
a) Asetage kõik koostisosad blenderisse ja segage, kuni need on täielikult segunenud, umbes 30 sekundit.
b) Valage segu 8 popsivormi, koputage vorme õhumullide eemaldamiseks.
c) Külmutage vähemalt 8 tundi või üleöö.
d) Eemaldage vormidest popsiklid. Kui paprikaid on raske eemaldada, laske vorme korraks kuuma vee all lasta ja popsikesed tulevad lahti.

57. Moringa jaanileivapuu tassid

Valmistab: 4

KOOSTISOSAD:
- ⅔ tassi jaanikaunavõid
- ¾ tassi jaanileivapulbrit
- ⅓ tassi vahtrasiirupit
- ½ tassi india pähklivõid
- 2 tl Moringa pulbrit
- Meresool

JUHISED:
a) Täitke väike pann ⅓ tassi veega ja asetage kauss selle peale, kattes panni. Kui kauss on kuum ja allolev vesi keeb, sulatage kausi sees olev jaanileivapuuvõi, lülitage kuumus sisse ja. Kui see on sulanud, eemaldage see tulelt ja segage vahtrasiirup ja jaanikaunapulber paar minutit, kuni šokolaad pakseneb.

b) Kasutades keskmise suurusega koogihoidjat, täida alumine kiht ohtra supilusikatäie šokolaadiseguga. Kui olete kõik koogihoidjad täitnud, lükake need 15 minutiks sügavkülma, et taheneda.

c) Võta külmutatud šokolaad sügavkülmast välja ja tõsta külmutatud šokolaadikihi peale 1 supilusikatäis Moringa/kašupähklivõitainast. Niipea, kui see on tehtud, valage jääk sulanud šokolaad iga nuku peale, nii et see katab kõik. Puista üle meresoolaga ja lase sellel 15 minutit sügavkülmas seista.

58. Moringa Fudge

Valmistab: 4

KOOSTISOSAD:
- 85 g röstitud mandlivõid
- 60 g kaerajahu
- 4 tl Moringa pulbrit
- 168 g valgupulbrit
- 10 tilka sidrunit
- 1 tl Stevia ekstrakti
- 1 tass magustamata vanilje mandlipiima
- 4 untsi tume šokolaad, sulatatud

JUHISED:

a) Sulata potis mandlivõi ja lisa kaerajahu, Moringa pulber, valgupulber, sidrunitilgad ja stevia. Sega hästi.

b) Nüüd vala piim ja sega pidevalt, kuni see on hästi segunenud.

c) Tõsta segu leivavormi ja pane külmkappi tahenema.

d) Nirista peale sulašokolaad ja pane uuesti külmkappi, kuni šokolaad on tahke.

e) Lõika 5 batooniks ja naudi.

59. Superfood jäätis

KOOSTISOSAD
JÄÄTISESEGU JAOKS:
- 13,5 untsi purki täisrasvast kookospiima
- ¼ tassi orgaanilist granuleeritud magusainet
- 2 tl orgaanilist Moringa pulbrit
- 1 tl orgaanilist baobabi pulbrit

LISANDI KOHTA:
- ½ tassi orgaanilisi toorkakao nibse

JUHISED:

a) Lisa kõik jäätisesegu koostisosad Vitamixi ja blenderda, kuni see on hästi segunenud ja ühtlane.

b) Valage jäätisesegu oma jäätisemasinasse ja valmistage vastavalt masina juhistele.

c) Kui jäätisemasin on jäätise valmistamise lõpetanud, sega käsitsi sisse kakaotükid.

60. Moringa ja mustika sorbett

Valmistab: 2 portsjonit

KOOSTISOSAD:
- 1 tl Moringa pulbrit
- 1 tass külmutatud mustikaid
- 1 külmutatud banaan
- ¼ tassi kookospiima

JUHISED:
a) Lisa kõik koostisosad blenderisse või köögikombaini ja blenderda ühtlaseks massiks.
b) Vajadusel lisa veel vedelikku.

61. Moringa Key laimipirukas

Mark: 12

KOOSTISOSAD:
KOORIKU KOHTA:
- 2 tassi Brasiilia pähkleid / pekanipähklit / india pähkleid
- ¼ tassi kuivatatud kookospähklit
- 1 tass Medjooli datleid

TÄIDISEKS:
- 2 tl Moringa pulbrit
- 1 ½ tassi india pähkleid, leotatud
- 1 avokaado
- 3 laimi mahl
- ¼ tassi kookosõli, sulatatud
- ½ tassi konserveeritud kookoskoort
- ⅓ tassi toormett/vahtrasiirupit/agaavinektarit

JUHISED:
KOORIKU KOHTA:
a) Blenderda pähklid köögikombainis peeneks.
b) Lisa ülejäänud ained ja sega taignaks.
c) Suru koorik ühtlaselt vedruvormi või 4-6 miniatuursesse koogivormi.

TÄIDISEKS:
d) Blenderda kõik koostisained suure võimsusega blenderis väga ühtlaseks massiks.
e) Vala koorikule ja pane 2-3 tunniks sügavkülma.
f) Eemaldage sügavkülmast 10-15 minutit enne serveerimist.

62. Moringa ja sidruni tassid

Mark: 10

KOOSTISOSAD:
- ½ tassi kookosvõid
- ½ tassi makadaamia pähkleid
- ½ tassi kakaovõid
- ¼ tassi kookosõli
- ¼ tassi Swerve, pulbristatud
- 1 supilusikatäis peeneks riivitud sidrunikoort
- 1 tl Moringa pulbrit

JUHISED:
e) Alustage kõigi koostisosade, välja arvatud sidrunikoor ja Moringa, minuti jooksul köögikombainis, et need kõik kokku segada.

f) Jaga segu kahte kaussi. Enne pooleks jagamist tuleks see võimalikult võrdselt poolitada.

g) Moringa pulber tuleks panna eraldi kaussi. Konkreetses roas segage sidrunikoor ja muud koostisosad.

h) Valmistage ette 10 minimuffinitopsi, täites need poolenisti Moringa seguga ja seejärel valades peale pooleteise supilusikatäie sidrunisegu. Kõrvale panema. Enne serveerimist veenduge, et see oleks vähemalt tund aega külmikus seisnud.

63. Moringa popsikesed

Valmistab: 4

KOOSTISOSAD:
- 2 tassi magustamata kookoskreemi, jahutatud
- 2 spl kookosõli
- 1 tl Moringat
- ¼ tassi erütritooli või granuleeritud Swerve'i

JUHISED:
e) Aseta kõik KOOSTISOSAD: blenderisse ja blenderda kuni täieliku segunemiseni, umbes 30 sekundit.
f) Valage segu 8 popsivormi, koputage vorme õhumullide eemaldamiseks.
g) Külmutage vähemalt 8 tundi või üleöö.
h) Eemaldage vormidest popsiklid. Kui paprikaid on raske eemaldada, laske vorme korraks kuuma vee all lasta ja popsikesed tulevad lahti.

64. Moringa jäätis

Valmistab: 2

KOOSTISOSAD:
- Moringa pulber, kolm supilusikatäit
- Pool ja pool, kaks tassi
- Kosher soola, näputäis
- Suhkur, pool tassi

JUHISED:
a) Vahusta keskmises kastrulis pool ja pool, suhkur ja sool.
b) Alustage segu keetmist keskmisel kuumusel ja lisage Moringa pulber.
c) Tõsta tulelt ja tõsta segu jäävannis istuvasse kaussi. Kui segu on jahtunud, katke see kilega ja jahutage külmkapis.
d) Teie roog on serveerimiseks valmis.

65. Moringa india pähkli tassid

Valmistab: 4

KOOSTISOSAD:
- ⅔ tassi kakaovõid.
- ¾ tassi kakaopulbrit.
- ⅓ tassi vahtrasiirupit.
- ½ tassi india pähklivõid või muud, mida soovite.
- 2 tl Moringa pulbrit.
- Meresool.

JUHISED:
d) Täitke väike pann ⅓ tassi veega ja asetage kauss selle peale, kattes panni. Kui kauss on kuum ja allolev vesi keeb, sulatage kausi sees kakaovõi, lülitage kuumus sisse ja. Kui see on sulanud, eemaldage see tulelt ja segage vahtrasiirup ja kakaopulber paar minutit, kuni šokolaad pakseneb.

e) Kasutades keskmise suurusega koogihoidjat, täida alumine kiht ohtra supilusikatäie šokolaadiseguga. Kui olete kõik koogihoidjad täitnud, lükake need 15 minutiks sügavkülma, et taheneda.

f) Võta külmutatud šokolaad sügavkülmast välja ja tõsta külmutatud šokolaadikihi peale 1 supilusikatäis Moringa/kašupähklivõitainast. Niipea, kui see on tehtud, valage jääk sulanud šokolaad iga nuku peale, nii et see katab kõik. Puista üle meresoolaga ja lase sellel 15 minutit sügavkülmas seista.

66. Moringa Fudge

Valmistab: 4

KOOSTISOSAD:
- Röstitud mandlivõi, 85 g
- Kaerajahu, 60 g
- Magustamata vanilje mandlipiim, 1 tass
- Valgupulber, 168 g
- Tume šokolaad, 4 untsi sulanud
- Moringa pulber, 4 tl
- Stevia ekstrakt, 1 tl
- Sidrun, 10 tilka

JUHISED:
f) Sulata potis või ja lisa kaerajahu, teepulber, valgupulber, sidrunitilgad ja stevia. Sega hästi.
g) Nüüd vala piim ja sega pidevalt, kuni see on hästi segunenud.
h) Tõsta segu leivavormi ja pane külmkappi tahenema.
i) Nirista peale sulašokolaad ja pane uuesti külmkappi, kuni šokolaad on tahke.

67. Moringa kreem

Valmistab: 2

KOOSTISOSAD:
- 1 tass täispiima
- ¾ tassi suhkrut
- 4 supilusikatäit Moringa pulbrit
- 2 tassi rasket koort

JUHISED:

a) Segage piim, suhkur ja Moringa keskmises kastrulis ning vahustage, kuni Moringa pulber on lahustunud. Kuumuta keskmisel kuumusel keemiseni, vahustades, kuni suhkur on lahustunud. Tõsta tulelt ja sega hulka koor.

b) Jahutage toatemperatuurini, katke ja hoidke külmkapis, kuni see on hästi jahutatud, 3–4 tundi või üleöö.

c) Vala jahutatud segu jäätisemasinasse ja külmuta vastavalt juhistele.

d) Tõsta jäätis sügavkülmakindlasse anumasse ja aseta sügavkülma. Enne serveerimist laske sellel 1–2 tundi taheneda.

68. Moringa hurmaa

Valmistab: 2

KOOSTISOSAD:
- 1 tass kreeka jogurtit
- 1 tl Moringat
- ½ tl vaniljeekstrakti
- 1 supilusikatäit mett

TOPPING
- Hurmaa
- Seesami klastrid

JUHISED:
a) Sega kõik koostisosad kausis kokku.

69. Absindi ja besee jäätis

Teeb: umbes 1 liitrit

KOOSTISOSAD:
- ⅔ tassi täispiima
- 1 spl pluss 2 tl maisitärklist
- 4 spl toorjuustu, pehmendatud
- ½ tl Moringa pulbrit
- ⅛ teelusikatäis peent meresoola
- 1½ tassi rasket koort
- ¾ tassi suhkrut
- ¼ tassi heledat maisisiirupit
- 1¼ tassi absintti, Pernodi või pastist
- ½ tl aniisi ekstrakti
- 1 tass murendatud besee alatesBesee kook

JUHISED:

a) Segage väikeses kausis umbes 2 supilusikatäit piima maisitärklisega, et saada ühtlane segu.

b) Vahusta toorjuust, Moringa ja sool keskmises kausis ühtlaseks vahuks.

c) Täida suur kauss jää ja veega.

d) Küpsetamine Ühendage ülejäänud piim, koor, suhkur ja maisisiirup 4-liitrises kastrulis, laske keskmisel-kõrgel kuumusel keema ja keetke 4 minutit. Tõsta tulelt ja vispelda järk-järgult sisse maisitärklise läga. Kuumuta segu uuesti keskmisel-kõrgel kuumusel keemiseni ja kuumuta kuumakindla spaatliga segades, kuni segu on veidi paksenenud, umbes 1 minut. Tõsta tulelt.

e) Jahuta Vispelda kuum piimasegu järk-järgult toorjuustu hulka ühtlaseks massiks. Valage segu 1-gallonisse Ziplock-külmutuskotti ja kastke suletud kott jäävanni. Laske seista, lisades vajadusel jääd, kuni külm, umbes 30 minutit.

f) Külmutamine Eemaldage külmutatud kanister sügavkülmast, pange kokku jäätisemasin ja lülitage see sisse. Vala jäätisepõhi kanistrisse ja tsentrifuugi, kuni see on paks ja kreemjas.

g) Paki jäätis säilitusnõusse. Sega juurde absint ja aniisiekstrakt ning sega sisse beseetükid. Suruge pärgamendileht otse vastu pinda ja sulgege see õhukindla kaanega. Külmutage sügavkülmiku kõige külmemas osas.

70. Moringa sorbett

Valmistab: 4 portsjonit

KOOSTISOSAD:

- ¾ tassi suhkrut
- 3 tassi Kuumpruulitud Moringat

JUHISED:

a) Lahustage suhkur tees ja hoidke külmkapis, kuni see on hästi jahtunud.

b) Külmutage jäätise sügavkülmikus vastavalt tootja juhistele.

71. Chia seemnepuding

Valmistab: 1

KOOSTISOSAD
- ¼ tassi musta chia seemnet
- 1 tass taimset piima
- ½ laimi, värskelt pressitud laimimahl
- ⅛ teelusikatäit Ashwagandha pulbrit
- näputäis vaniljekauna pulbrit
- 1 tl Moringa pulbrit
- 1 väike nupp värskelt riivitud ingverit

JUHISED:
a) Vahusta suures kausis chia seemned piima ja laimimahlaga.

b) Klopi sisse Ashwagandha, vanill, Moringa ja ingver. Pane külmkappi ja sega uuesti 15-30 minuti pärast.

c) Katke ja leotage pudingisegu 2–8 tundi üleöö külmikus, et chia saaks pudinguks õitseda.

72. Pistaatsia Moringa jäätis

Valmistab: 8 väikest jäätist

KOOSTISOSAD:
- 2 tl Moringa pulbrit
- ½ tassi kooritud pistaatsiapähklit
- ½ tassi india pähkleid
- ½ tassi kookospiima
- 1 tass kookospähkli viljaliha
- 2 tl vaniljekauna pasta
- ¼ tassi vahtrasiirupit
- 3 spl kookosõli sulatatud
- 100g hea kvaliteediga tumedat šokolaadi või tooršokolaadi, sulatatud

JUHISED:
a) Sega köögikombainis või suure võimsusega blenderis pistaatsiapähklid ja india pähklid ning sega peeneks puruks.
b) Lisa kookospiim, kookospähkli viljaliha, vanill, Moringa pulber ja vaher ning sega ühtlaseks massiks.
c) Jätke blender tööle, samal ajal kui valate sisse sulanud kookosõli. See peaks tekitama segus kauni kreemja konsistentsi.
d) Vala jäätisevormidesse või ramekiinidesse ja pane 2-3 tunniks sügavkülma.
e) Serveerimiseks võta jäätised vormidest välja, aseta need küpsetuspaberiga kaetud alusele ja nirista peale sulašokolaad.
f) Aseta minutiks-paariks tagasi külmkappi tahenema ja serveeri.

73. Maasikas, kaer ja moringa

Valmistab: 2

KOOSTISOSAD:
- 1 tass vanaaegset kaera
- 2 ¼ tassi universaalset jahu
- ⅔ tassi suhkrut
- 1 spl küpsetuspulbrit
- 2 supilusikatäit moringat, sõelutud
- ½ teelusikatäit soola
- 1 ¼ tassi piima
- 2 tl vaniljeekstrakti
- 2 muna, lahtiklopitud
- 6 untsi konteiner rasvavaba Kreeka jogurtiga
- ⅓ tassi kookosõli, vedelas olekus
- 1 nael orgaanilisi maasikaid, tükeldatud ¼" tükkideks
- Mittenakkuva pihusti
- lihvimine suhkur, viimistlus

JUHISED:

f) Kuumuta ahi 200 kraadini Celsiuse järgi. Asetage igasse vormi 8 koogivooderdust, seejärel pihustage neile kergelt mittenakkuvat pihustiga katet.

g) Sega ühes segamiskausis kõik kuivained. Teises segamiskausis sega kõik märjad koostisosad. Sega märjad koostisosad aeglaselt kuivade hulka, kuni need on lihtsalt läbi segunenud. Sega õrnalt hulka kuubikuteks lõigatud maasikad. Täitke vooderdised lusika või jäätiselusikaga, kuni tainas on vooderdise ülemisest servast veidi eemal.

h) Krõmpsuva muffinikooriku saamiseks puista pealsed lihvsuhkruga.

i) Küpseta muffineid 200 kraadi juures esimesed 10 minutit, seejärel alanda kuumust 80 kraadini veel umbes 12-15 minutiks, kuni pealsed on väga kergelt kuldsed ja hambaork tuleb puhtana välja.

j) Kui muffinid on käsitsemiseks piisavalt jahedad, tõsta need jahutusrestile. Kui serveerida muffineid kohe, võivad need voodri külge kinni jääda. Oodake, kuni need täielikult jahtuvad ja need peaksid kergesti vabanema.

74. Moringa, datli ja banaani mõnus kreem

Valmistab: 2

KOOSTISOSAD:
- 5 külmutatud banaani
- Kookosvesi
- 2 Kuupäevad
- 1 supilusikatäis Moringa pulbrit

JUHISED:
a) Pange kõik koostisosad läbi köögikombaini
b) Serveeri ilusas kausis
c) Kaunista enda valitud kattega.

75. Banana Moringa kena kreem

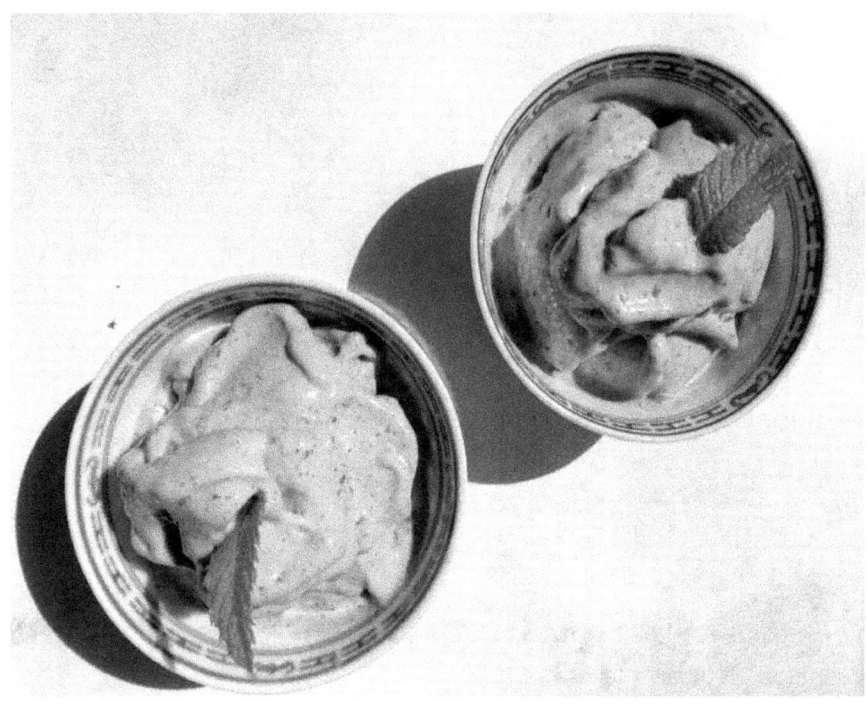

Valmistab: 2-3 portsjonit

KOOSTISOSAD:
- 2 suurt banaani, kooritud, tükkideks lõigatud ja seejärel külmutatud
- 1 tl Moringa pulbrit

JUHISED:
a) Asetage banaanitükid S-teraga köögikombaini ja lülitage masin sisse.

b) Laske mootoril töötada, kuni banaanid on super kreemja tekstuuriga, nagu pehme serveerimisjäätis.

c) Kui banaanid muutuvad kreemjaks, lisa Moringa pulber ja blenderda.

d) Serveeri kohe.

76. Moringa ja Vaarika sõbrad

Valmistab: 4

KOOSTISOSAD:
- 95 g soolamata võid, kuubikuteks
- 135 g munavalget
- 150 g granuleeritud suhkrut
- 100 g mandlijahu
- 60 g jahu
- 12 g Moringa
- näputäis soola
- Valikuline: värsked/külmutatud vaarikad

JUHISED:
a) Määri muffinivormid korralikult võiga ja puista peale jahu.
b) Kuumutage või pannil madalal-keskmisel tulel ja laske sellel küpseda, kuni see on kuldpruun.
c) Lülitage tuli välja ja eemaldage tulelt, kui see on kuldpruun, vastasel juhul muutub see kuldpruunist väga kiiresti mustaks. Laske jahtuda toatemperatuurini, kuni valmistate ülejäänud koostisosi.
d) Sega kaussi suhkur, jahu ja jahvatatud mandel, Moringa pulber ja sool. Vahusta kuivained veidi.
e) Lisa või ja vahusta ühtlaseks.
f) Lisa munavalged aeglaselt vahustades kuni segunemiseni. Te ei pea munavalgetele liiga palju mahtu tekitama. Ma teen seda kõike käsitsi, kuna teil on vaja taigna kokku saada.
g) Tõsta lusikaga friands tainas võiga määritud muffinivormidesse. Asetage vaarikas sõbra keskele. Küpseta 190-kraadises eelsoojendatud ahjus umbes 15 minutit või kuni see puutub tagasi.
h) Enne vormi lahti võtmist lase muffinivormides veidi jahtuda. Enne serveerimist jahuta need restidel täielikult maha.

77. Moringa trühvlid

Valmistab: umbes 50 trühvlit

KOOSTISOSAD:
- 225 grammi koort
- ¼ tassi vahtrasiirupit
- 2 spl pruuni suhkrut
- 1 spl Moringat ja veel üks supilusikatäis tolmutamiseks
- 340 grammi peeneks hakitud kibešokolaadi
- Näputäis moringa soola või koššersoola

JUHISED:
a) Kuumuta koor väikeses kastrulis tasasel tulel keema, lisa vahtrasiirup ja pruun suhkur ning sega kuni lahustumiseni, umbes 2 minutit.
b) Lisage 1 supilusikatäis Moringat, segage, kuni see on lahustunud, ja asetage kõrvale.
c) Aseta šokolaad suurde segamisnõusse ja vala hulka kooresegu. Sega korralikult läbi ja vala küpsetuspaberiga kaetud ahjuplaadile. Silu see kummist spaatliga ühtlaseks. Jahuta külmkapis umbes tund aega.
d) Tõsta lusikaga kuhjaga teelusikatäis välja ja moodusta peopesade abil pall. Korrake, kuni kogu šokolaad on ära kasutatud – kokku tuleks lisada umbes 50 trühvlit.
e) Asetage need alusele või taldrikule ja pühkige need peene sõela abil Moringaga. Kõige peale puista väga kergelt Moringat.

SMUUTID JA KOKTEILID

78. Moringa smuuti

Valmistab: 1 portsjon

KOOSTISOSAD
- 1 tass mandlipiima
- 1 spl Moringa pulbrit
- 1 külmutatud banaan või ananass, tükeldatud

JUHISED
a) Lisage mandlipiim, Moringa ja külmutatud banaan või ananass kiiresse blenderisse.
b) Töötle kuni smuuti on ühtlane ja kreemjas. Serveeri kohe.

79. Brokkoli Porru kurgi smuuti

Valmistab: 2

KOOSTISOSAD:
- 1 tass brokkoli
- 2 supilusikatäit kašupähklivõid
- 2 porrulauk
- 2 kurki
- 1 lubi
- ½ tassi salatit
- ½ tassi lehtsalatit
- 1 spl Moringa
- 1 tass purustatud jääd

JUHISED:
a) Kombineeri blenderis.
b) Serveeri.

80. Kakao-spinati smuuti

Valmistab: 2

KOOSTISOSAD:
- 2 tassi spinatit
- 1 tass mustikaid, külmutatud
- 1 spl tumedat kakaopulbrit
- ½ tassi magustamata mandlipiima
- ½ tassi purustatud jääd
- 1 tl mett
- 1 spl Moringa pulbrit

JUHISED:
a) Kombineeri blenderis
b) Serveeri

81. Moringa raputada

Valmistab: 4 portsjonit

KOOSTISOSAD:
- ¾ tassi mandlit
- ¾ tassi kivideta datleid
- 1 spl Moringa
- 3 tassi filtreeritud vett
- ½ tl maca pulbrit
- 1 tass jääd

JUHISED:
a) Kombineerige mandlid, datlid, moringa, vesi, maca ja jää oma kiires blenderis ning segage ühtlaseks massiks. Lisage jää ja segage, kuni see on hästi segunenud.
b) Parim serveerida kohe, kuid külmkapis säilib mitu päeva.

82. Vanilli Moringa Avokaado Shake

Valmistab: 2

KOOSTISOSAD:
- 1½ tassi mandlipiima
- 2 lusikatäit vanilje valgupulbrit
- ¼ tl vaniljeekstrakti
- ½ avokaadot ilma kivideta ja kooritud
- 2 tl Moringa pulbrit
- 1 peotäis spinatit

JUHISED:
a) Blenderda ühtlaseks.
b) Maitse ja vajadusel reguleeri jääd või koostisosi.

83. Moringa ja piparmündi tee

Valmistab: 2 portsjonit

KOOSTISOSAD:
- 1 minilusikatäis Moringa pulbrit
- Mündi siirup
- Jahutatud vesi
- Jää

JUHISED:
d) Sega Moringa pulber ja siirup tassi.
e) Täida kuni ¾ veega.
f) Sega ja lisa täidiseks jää.

84. Moringa, maca, linaseemne ja tahini smuuti

Valmistab: 1 klaas

KOOSTISOSAD:
- ½ tassi taimset piima
- 1 suur banaan
- ½ tassi külmutatud mustikaid
- ½ tassi värskeid vaarikaid
- 1 kuhjaga teelusikatäis Moringa pulbrit
- 1 kuhjaga teelusikatäis jahvatatud linaseemneid
- 1 kuhjaga teelusikatäis macat
- 1 kuhjaga teelusikatäis tahini

JUHISED:
a) Segamiseks asetage kõik koostisosad kannu.
b) Blenderda kreemjaks smuutiks.
c) Puista peale veidi jahvatatud lina või värskeid marju.
d) Parim koheselt serveerida.

85. Õuna, rosmariini ja moringa džinni jahuti

Valmistab: 2

KOOSTISOSAD:
- 1 tl Moringa pulbrit
- 3 rohelist õuna
- 3 supilusikatäit džinni
- 1 spl mett
- 2 spl sidrunimahla
- 2 oksa rosmariini
- Soodavesi
- Jää

JUHISED:
a) Puhasta õuntelt ja mahlast südamik. Lisage kokteilišeikerisse või kaanega anumasse õunamahl, sidrunimahl, Moringa pulber, mesi ja džinn ning loksutage tugevalt.

b) Valage jääga kahte jahutatud trumlisse, lisage rosmariini oksake, täiendavad õunaviilud ja lahjema kokteili saamiseks lisage soodavett.

86. Moringa-, piparmündi-, sidruni- ja laimivesi

KOOSTISOSAD:
- 1-2 tl Moringa pulbrit
- 1 liiter jahutatud vett
- 2 laimi, õhukeseks viilutatud
- 2 sidrunit, õhukeseks viilutatud
- suur peotäis värskeid piparmündilehti

JUHISED:
a) Lisa kõik koostisained suurde pudelisse või klaaskannu.

b) Lase enne rohke jääga serveerimist vähemalt 2 tundi külmkapis seista.

87. Moringa probiootiline keefiri smuuti

Valmistab: 1

KOOSTISOSAD:
- 1 tl Moringa pulbrit
- 300 ml kookospiima keefirit
- väike peotäis lehtkapsast või spinatit
- ½ avokaadot
- 1 banaan
- 1 spl kollageenipulbrit
- 1 supilusikatäis päevalilleseemneid
- 1 tl linaseemneid
- 3 jääkuubikut

JUHISED:
a) Pane kõik koostisosad blenderisse ja blenderda ühtlaseks massiks.
b) Valage klaasi ja kaunistage söödavate lillede ja kuivatatud kookospähkliga.

88. Moringa banaanišokolaadi smuuti

Valmistab: 2

KOOSTISOSAD:
- ½ tl Moringa pulbrit
- 2 spl Super-kakaopulbrit
- 1 banaan
- ½ avokaadot
- 2 Medjool kuupäevad
- 1 ½ tassi piimavaba piima

JUHISED:
a) Lisa kõik koostisosad blenderisse ja blenderda ühtlaseks massiks.
b) Serveeri soovi korral puista kakao nibsidega.

89. Moringa avokaado smuuti

Valmistab: 3

KOOSTISOSAD:
- ½ avokaadot, kooritud ja kuubikuteks lõigatud
- ⅓ kurk
- 2 tassi spinatit
- 1 tass kookospiima
- 1 tass mandlipiima
- 1 tl Moringa pulbrit
- ½ laimi mahl
- ½ lusikatäit vanilje valgupulbrit
- ½ tl chia seemneid

JUHISED:
a) Blenderis blenderis avokaado viljaliha kurgi ja ülejäänud koostisosadega ühtlaseks massiks.
b) Serveeri.

90. Brokkoli Moringa smuuti

Valmistab: 2

KOOSTISOSAD:
- 1 tass brokkoli
- 2 supilusikatäit kookosvõid
- 1 lubi
- 1 supilusikatäit Moringa
- 1 tass purustatud jääd

JUHISED:
c) Kombineeri blenderis.
d) Serveeri.

91. Moringa lehtkapsa smuuti

Valmistab: 2

KOOSTISOSAD:
- 2 tassi lehtkapsast
- 1 tass mustikaid, külmutatud
- 1 spl tumedat kakaopulbrit
- ½ tassi magustamata kookospiima
- ½ tassi purustatud jääd
- 1 tl mett
- 1 supilusikatäis Moringa pulbrit

JUHISED:
c) Kombineeri blenderis
d) Serveeri

92. Moringa MCT raputus

Valmistab: 4 portsjonit

KOOSTISOSAD:
- ¾ tassi mandlit
- ¾ tassi kivideta datleid
- 1 spl Moringa
- 3 tassi filtreeritud vett
- ½ tl mct õli
- 1 tass jääd

JUHISED:

c) Kombineerige mandlid, datlid, moringa, vesi, MCT-õli ja jää oma kiires blenderis ning segage ühtlaseks massiks.

d) Lisage jää ja segage, kuni see on hästi segunenud.

e) Parim serveerida kohe, kuid külmkapis säilib mitu päeva.

93. Moringa ja ingveri smuuti

Valmistab: 2

KOOSTISOSAD:
- 1 Anjou pirn, tükeldatud
- ¼ tassi valgeid rosinaid või kuivatatud mooruspuumarju
- 1 tl värskelt hakitud ingverijuurt
- 1 suur peotäis hakitud rooma salatit
- 1 supilusikatäis kanepiseemneid
- 1 tass magustamata pruulitud Moringat, jahutatud
- 7 kuni 9 jääkuubikut

JUHISED:
a) Aseta kõik koostisosad peale jää Vitamixi ja töötle ühtlaseks ja kreemjaks.
b) Lisa jää ja töötle uuesti. Joo jahutatult.

94. Moringa Limeade

Valmistab: 20 portsjonit

KOOSTISOSAD:
- 2 tassi keeva veega
- Moringa pulber
- 2 12-untsi purki külmutatud limeaadi kontsentraati
- Kaunistuseks: laimiviilud

JUHISED:
a) Teekannu sega keev vesi ja moringa. Laske seista 10 minutit; lase teel veidi jahtuda.
b) Valmistage suures kannus külmutatud limead vastavalt pakendi juhistele.
c) Sega juurde tee; katke ja jahutage. Kaunista laimiviiludega.
d) Säästa maraschino kirsside purkidest punane mahl. Segage seda veidi punši, limonaadi, ingveriõlu või piima sisse, et saada lastele meeldiv magusroosa jook.

95. Mündi šokolaaditükkidega kokteili

Valmistab: 2

KOOSTISOSAD:
- 2 lusikatäit šokolaadivalgupulbrit
- 12 untsi piparmündimaitseline Moringa
- 1 supilusikatäis toorkakaopulbrit
- 1 supilusikatäis kakao nibe
- 3 jääkuubikut

JUHISED:
a) Viska kõik koostisained 30-60 sekundiks blenderisse.

96. Moringa rummikokteil

Valmistab: 2

KOOSTISOSAD:
- 1½ tassi mandlipiima
- ¼ tl rummi ekstrakti
- ½ avokaadot ilma kivideta ja kooritud
- 2 tl Moringa pulbrit

JUHISED:
c) Blenderda ühtlaseks.
d) Maitse ja vajadusel reguleeri jääd või koostisosi.

97. Moringa ja kookospähkli frappe

Valmistab: 2

KOOSTISOSAD:
- Jää + kookospiim
- 1 lusikatäis Jogurti frappé
- 1 minilusikatäis Moringa pulbrit

JUHISED:
a) Täida tass jääga, tasanda tassi ülaosaga
b) Vala piim jää peale
c) Kalla tassi sisu blenderi kannu
d) Lisa frappé ja Moringa
e) Pane tihedalt kaas peale ja sega ühtlaseks massiks

98. Moringa & Strawberry Frappé

Valmistab: 2

KOOSTISOSAD:
- Jää + piim
- 1 minilusikatäis Moringa pulbrit
- 2 pumpa suhkruvaba maasikasiirupit
- 1 lusikas valge šokolaadi frappé

JUHISED:
a) Täida tass jääga, tasanda tassi ülaosaga
b) Vala piim jää peale
c) Kalla tassi sisu blenderi kannu
d) Lisa Moringa, siirup ja frappé pulber
e) Blenderda ühtlaseks

99. Moringa jogurti smuuti

Valmistab: 2

KOOSTISOSAD:
- ½ tassi jogurtit
- 2 supilusikatäit mett või suhkrut
- ½ tassi jääkuubikuid
- 1 tl Moringat

JUHISED:
a) Lihtsalt pane kõik koostisosad blenderisse ja sega läbi.

100. Moringa puuviljasmuuti

Valmistab: 2

KOOSTISOSAD:
- ¼ tassi marju
- ½ tassi jogurtit
- ½ tassi jääkuubikuid
- 1 tl Moringat

JUHISED:
a) Blenderda koostisained elektriblenderis ja vala segu seejärel kõrgesse klassi. Eelistatav on juua see kohe pärast valmistamist.

b) Saate lisada kiivisid, banaane, mangosid ja piparmündi või ingveri maitseid, kõik sõltub teie ja teie eelistustest.

KOKKUVÕTE

Kokkuvõtteks võib öelda, et Moringa on uskumatult toitev ja mitmekülgne taim, mida saab kasutada mitmesugustes retseptides. Alates smuutidest kuni salatite ja suppideni – Moringa lisamiseks oma dieeti on lõputult. Proovides mõnda Moringa retsepti, mida selles artiklis oleme jaganud, saate nautida selle supertoidu paljusid tervisega seotud eeliseid, nautides samal ajal maitsvaid ja rahuldavaid eineid. Nii et proovige neid retsepte – teie maitsemeeled ja keha tänavad teid!

www.ingramcontent.com/pod-product-compliance
Lightning Source LLC
LaVergne TN
LVHW021703060526
838200LV00050B/2486